Informe Secreto
al XX Congreso del PCUS

Nikita Khrushchev

Informe Secreto al XX Congreso del PCUS

Pronunciado En Moscú el 25 de febrero de 1956, en
sesión cerrada del XX Congreso del Partido Comunista
de la Unión Soviética

DOBLE J

HISTORIAS

Edita: Editorial Doble J, S.L.
C/ Montevideo 14
41013 Sevilla
www.culturamoderna.com
editorialdoblej@editorialdoblej.com
ISBN: 978-84-96875-50-0

Índice

Camaradas:

En el informe que presentó el Comité Central del Partido al XX Congreso, en numerosos discursos pronunciados por delegados a ese Congreso, y también durante la reciente sesión plenaria del C.C., se dijo mucho acerca de los efectos perjudiciales del culto a la personalidad.

Después de la muerte de Stalin el Comité Central del Partido comenzó a estudiar la forma de explicar, de modo conciso y consistente, el hecho de que no es permitido y de que es ajeno al espíritu del marxismo-leninismo elevar a una persona hasta transformarla en superhombre, dotado de características sobrenaturales semejantes a las de un dios. A un hombre de esta naturaleza se le supone dotado de un conocimiento inagotable, de una visión extraordinaria, de un poder de pensamiento que le permite prever todo, y, también, de un comportamiento infalible.

Entre nosotros se asumió una actitud de ese tipo hacia un hombre, especialmente hacia Stalin, durante muchos años. El objeto del presente informe no es valorar la vida y las actividades de Stalin. Los méritos de Stalin son bien conocidos a través de un sinnúmero de libros, folletos y estudios que se redactaron durante su vida. El papel de

Stalin en la preparación y ejecución de la revolución socialista, en la guerra civil, en la lucha por la construcción del socialismo en nuestro país, es conocido universalmente. Nadie lo ignora. En este momento nos interesa analizar un asunto de inmensa importancia para el partido, tanto ahora como en el futuro... Nos incumbe considerar cómo el culto a la persona de Stalin creció gradualmente, culto que en momento dado se transformó en la fuente de una serie de perversiones excesivamente serias de los principios del Partido, de la democracia del Partido y de la legalidad revolucionaria.

Debido a que todos no se han dado cuenta cabal de las consecuencias prácticas derivadas del culto al individuo, del gran daño causado por el hecho de que se haya violado el principio de la dirección colegial en el Partido, concentrando un poder limitado en las manos de una persona, el C.C. del Partido absolutamente necesario exponer los detalles de este asunto al XX Congreso del Partido Comunista de la Unión Soviética.

Durante la vida de Lenin, el C.C. del Partido fue la expresión real de un tipo de gobierno colegial, tanto para el Partido como para la nación. Debido a que fue un revolucionario marxista militante que jamás dejó de acatar los principios esenciales del Partido, Lenin nunca impuso por la fuerza sus puntos de vista a sus colaboradores.

Lenin contra Stalin

Vladimir Ilich Lenin, fuera de las importantes contribuciones que hizo a la victoria de la clase trabajadora, en bien de la victoria de nuestro Partido y de las ideas implícitas en el comunismo científico respecto a la vida, tuvo la visión, debido a su clara inteligencia, de percibir a tiempo en Stalin esas características negativas que posteriormente tuvieron consecuencias tan nefastas.

Temiendo por el futuro del Partido y de la nación soviética, Lenin diagnosticó por escrito el carácter de Stalin y en forma absolutamente concreta, señalando que era necesario examinar la necesidad de desplazar a Stalin de su puesto de Secretario General, puesto que era un ser insolente en exceso hacia sus camaradas y también, porque, siendo caprichoso, podría abusar del poder.

En diciembre de 1922, en una carta al Congreso del Partido, Lenin dijo: «Después de tomar posesión del cargo de Secretario General, el camarada Stalin ha acumulado en sus manos un poder desmedido y no estoy seguro de que sea siempre capaz de usar este poder con el debido cuidado».

Esta carta, que es un documento político de inmensa importancia, conocida en la historia del Partido como testamento de Lenin, ha sido distribuida a los delegados del XX Congreso del Partido. Uds, la habían leído ya y sin duda la leerán nuevamente. Convendría que Uds. meditaran las francas palabras de Lenin, puesto que ellas expresan la ansiedad que sentía Vladimir Ilich respecto al Partido, al pueblo, al Estado y a la futura dirección de la política del Partido. Dijo Lenin

«Stalin es excesivamente insolente y este defecto, que puede ser tolerado en un militante cualquiera del Partido, se transforma en un defecto inaceptable en una persona que ocupa el cargo de Secretario General. Es por esto que propongo que los camaradas vean la manera de alejar a Stalin de este cargo y de colocar allí a otro hombre, uno que, sobre todas las cosas, difiera de Stalin en lo siguiente: mayor tolerancia, más lealtad, más bondad y una actitud más considerada y un temperamento menos caprichoso, etc., etc...»

Este documento de Lenin se dió a conocer a los delegados al XIII Congreso del Partido, quienes discutieron la conveniencia de transferir a Stalin a otro cargo que no fuera el de Secretario General. Los delegados se declararon en favor de mantener a Stalin en su puesto, expresando su esperanza de que él tomaría en cuenta las críticas de Lenin y izaría lo posible por sobreponerse a los defectos que causaban tanta inquietud a este último. Camaradas: el Congreso del Partido debe familiarizarse con dos nuevos documentos que confirman que el carácter de Stalin era tal cual lo había revelado Lenin en su testamento. Estos documentos son cartas de Nadejda Constantinovna Krupskaya [esposa de Lenin], a Kamenev, que en ese tiempo encabezaba el Buró político, y una carta personal de Lenin a Stalin.

Leeré ahora estos documentos:

«Lev Vórisovich! Debido a una breve carta que escribí con palabras que me dictara Vladimir Ilich, con permiso de sus médicos, Stalin se permitió ayer dirigirse a mí con una violencia inusitada. Durante mis treinta años de militante, nunca había oído a un camarada dirigir palabras tan insolentes a otro. Los asuntos del Partido y de Ilich no son de menos significación para mí que para Stalin. En este momento necesito el máximum de dominio sobre mí misma. Lo que uno puede y lo que uno no puede discutir con Ilich lo sé yo mejor que cualquier médico, puesto que yo sé lo que le pone nervioso y lo que no le perturba; de cualquier modo sé estas cosas mejor que Stalin. Recurro a Ud. y a Grigory, por ser los camaradas que se hallan más cerca de V. I., y les ruego que me protejan de insolentes intromisiones en mi vida privada y de viles invectivas y amenazas. No tengo la menor duda respecto a cuál será la unánime decisión de la Comisión de Control, con la cual Stalin me amenaza; no obstante, tampoco tengo la fuerza ni el tiempo disponible para malgastarlo en querellas insensatas. Además, soy un ser humano que soporta en estos momentos una tensión nerviosa excesiva.»

Nadejda Constantinovna escribió esta carta el 23 de diciembre de 1922. Dos meses y medio después, en marzo de 1923, Lenin envió a Stalin la siguiente carta

Al camarada Stalin. Copias para Kamenev y Zinoviev.

«Estimado camarada Stalin:

Ud. se permitió la insolencia de llamar a mi esposa por teléfono para reprenderla duramente. A pesar del hecho de que ella prometió olvidarse de lo dicho, tanto Zinoviev como Kamenev supieron del incidente, porque ella los informó al respecto. No tengo intención alguna de olvidarme fácilmente de lo que se hace en contra de mí y no necesito insistir aquí de que considero que lo que se hace en contra de mi esposa, se hace contra mí también. Le pido entonces que Ud. medite con cuidado acerca de la conveniencia de retirar sus palabras y dar las debidas explicaciones, a menos que prefiera que se corten nuestras relaciones completamente. Le saluda, Lenin.

5 de marzo de 1923».

Camaradas: No discutiré estos documentos, puesto que ellos hablan por sí solos. Observaré sólo que si Stalin pudo comportarse de esta manera durante la vida de Lenin y hacia Nadejda Constantinovna Krupskaya, a quien el Partido bien conoce y valora altamente debido a su leal amistad con Lenin y al hecho de que fuera una activa batalladora por la causa del Partido desde su creación, entonces nos es permitido imaginarnos fácilmente cómo Stalin trataría a otra gente.

Como los hechos posteriores lo han probado, la inquietud de Lenin fue justificada inmediatamente después de la muerte de Lenin, Stalin respetó en cierto modo los consejos de Lenin, pero más tarde comenzó a ignorar estas serias advertencias.

Cuando analizamos la forma en que Stalin dirigió al Partido y al país, cuando nos detenemos a considerar todo lo que hizo Stalin, llegamos al convencimiento de que los temores de Lenin eran bien fundados. Las características negativas de Stalin, incipientes durante la vida de Lenin, lo llevaron, durante los últimos años de su vida a abusar del poder, lo que ha causado al Partido un daño ilimitado. Debemos meditar detenidamente y analizar en forma correcta este asunto con el objeto de desterrar para siempre la posibilidad de que se repita, en cualquier forma, en el futuro todo aquello que aconteció durante la vida de Stalin, un ser que rehusó absolutamente tolerar una dirección colegial del gobierno y del trabajo y que procedió con una violencia salvaje, no solamente contra quienes se le oponían, sino también contra todo lo que pareciese, a su carácter despótico y caprichoso, contrario a sus conceptos. Stalin actuaba no a través de explicaciones [una palabra ilegible], y de cooperación paciente con la gente, sino imponiendo sus concepciones y exigiendo una sumisión absoluta a su opinión. El que osara oponerse a algún concepto o intentara probar la corrección de su punto de vista y de su actitud, estaba condenado a que se le relegara del grupo dirigente colectivo y que se le sometiera posteriormente a la aniquilación física y moral. Esto es especialmente cierto en lo que se refiere al período posterior al XVII Congreso del Partido, cuando muchos dirigentes del Partido y simples trabajadores honrados y afanosos del Partido, todos dedicados a la causa del comunismo, cayeron víctimas del despotismo de Stalin.

Debemos atestiguar que el Partido ha tenido que reñir serias luchas contra los trotskistas, derechistas y nacionalistas burgueses, y que desarmó ideológicamente a los enemigos de Lenin. Esta guerra ideológica se llevó a cabo con éxito y, como resultado de ello, el Partido se templó y se fortaleció. En todo esto Stalin desempeñó un papel positivo. El Partido libró una gran lucha política y espiritual contra miembros de él que propusieron tesis antileninistas, que presentaron una línea política hostil al Partido y a la causa del socialismo. Esta fue una lucha enconada y difícil, pero necesaria, porque la línea política tanto del bloque trotskista-zinovievista, como del bujarinista conducía a la restauración del capitalismo y a la capitulación ante el mismo. Consideremos por un instante lo que hubiese sucedido si la línea política de desviación hacia la derecha, o sea la orientación hacia una industrialización de «percal» o hacia el Kulak, etc., hubiese prevalecido. Entonces no tendríamos nuestra poderosa industria pesada, no tendríamos los koljoses y nos encontraríamos débiles y desarmados.

STALIN CREÓ LA NOCIÓN DE «ENEMIGO DEL PUEBLO»

Vale la pena destacar que aún durante el proceso de la furiosa lucha ideológica contra los trotskistas, los zinovievistas, los bujarinistas y otros, no se usaron extremas medidas represivas contra ellos; la lucha se realizó en un terreno ideológico. Pero algunos años después, cuando el Socialismo en nuestro país estaba fundamentalmente estructurado, cuando las clases explotadoras estaban liquidadas, cuando la estructura social del Soviet había cambiado radicalmente, cuando la base social no permitía movimiento político o grupos hostiles al Partido, cuando los oposicionistas ideológicos del Partido se encontraban vencidos políticamente desde hacía tiempo, entonces comenzó una política de represión contra ellos.

Fue precisamente durante este período [1935-1937-1938] que se inició la práctica de llevar a cabo persecuciones en masa a través de los mecanismos del Gobierno, primero contra los enemigos del leninismo, o sea trotskistas, zinovievistas, bujarinistas, derrotados desde hacía tiempo por el Partido, y posteriormente, también contra comunistas honrados y contra esos dirigentes del Partido que habían soportado la pesada carga de la guerra civil y los primeros y más difíciles años de la industrialización y la colectivización y que habían luchado activamente contra los trotskistas y derechistas para mantener la línea leninista del Partido.

Stalin inventó el concepto de «enemigo del pueblo». Este término hizo automáticamente innecesario que los errores ideológicos de los hombres expresados en una controversia se comprobasen; este término hizo posible que se usaran los más crueles métodos de represión, violándose así todas las normas de la legalidad revolucionaria, cada vez que alguien estaba en desacuerdo con Stalin o que se sospechara en él una intención hostil o debido simplemente a que tenía una mala reputación. Este concepto de «enemigo del pueblo», finalmente, eliminó todas las posibilidades de que se desarrollaran luchas ideológicas o de que alguien pudiese dar a conocer su punto de vista respecto a cualquier problema, aunque ellos fuesen meramente de carácter práctico. En general y en realidad, la única prueba de culpabilidad valedera era la confesión y ella se usaba contra todas las normas de la legalidad, por cuanto se ha podido demostrar posteriormente que esas confesiones se obtenían presionando por medios físicos al acusado. Esto condujo a abiertas violaciones de la legalidad revolucionaria, y al hecho de que muchas personas enteramente inocentes, que antes habían defendido la línea del Partido, se transformaran en víctimas.

Debemos establecer, respecto a esas personas que en cierta época se opusieron a la línea del Partido, que frecuentemente los cargos no eran tan serios como para justificar que se les aniquilara físicamente. La fórmula «enemigo del pueblo» se creó con el objeto específico de aniquilar físicamente a tales individuos. Es un hecho que muchas personas que fueron aniquiladas posteriormente como enemigos del pueblo, habían trabajado con Lenin durante su vida. Algunas de estas personas habían cometido errores en tiempos de Lenin; no obstante esto, Lenin sacó beneficio de su trabajo, los corrigió e hizo todo lo posible para retenerlos en las filas del Partido, induciéndolos a que le siguieran. La sabiduría de Lenin como conductor de hombres se manifestó siempre en la forma en que trabajó con los miembros del Partido.

Una relación enteramente diferente con el pueblo caracterizó a Stalin. Las virtudes de Lenin, paciencia para trabajar con la gente, persistencia para educarla, habilidad para inducirlos a seguirle sin utilizar métodos represivos sino más bien recurriendo a influencias ideológicas, le eran enteramente ajenas a Stalin. Stalin descartó el método de lucha ideológica, reemplazándolo por el sistema de violencia administrativa, persecuciones en masa y terror. Procedió a un ritmo siempre creciente a imponerse a través de los organismos punitivos, violando así con frecuencia todas las normas de la moral y las leyes soviéticas.

El comportamiento arbitrario de una persona estimuló la arbitrariedad en otras. Las detenciones y las deportaciones en masa de muchos miles de personas, las ejecuciones sin previo juicio y sin una investigación normal del comportamiento de los acusados, engendraron condiciones de inseguridad, temor y aun de desesperación. Esto, es claro, no contribuyó a reforzar la unidad del Partido, sino, por el contrario, produjo la aniquilación y la expulsión del Partido de muchos trabajadores leales, pero molestos para Stalin.

Nuestro Partido luchó por consolidar los planes de Lenin para la construcción del Socialismo. Se trataba de una lucha ideológica. Si hubiesen seguido prevaleciendo los principios de Lenin durante el desarrollo de la lucha, si hubiese imperado siempre la devoción del Partido a estos principios en combinación con una aguda preocupación por el bienestar del pueblo, si todo esto no se hubiese aplicado mal y rechazado sino más bien utilizado en beneficio de nuestros ideales, no se hubiesen producido tan brutales violaciones del régimen legal revolucionario y miles de personas no habrían caído víctimas del sistema de terror. Medidas extremas se habrían aplicado sólo en contra de aquellas personas que efectivamente habían cometido actos criminales contra el sistema soviético.

KAMENEV, ZINOVIEV Y LOS TROTSKISTAS

Recordemos algunos hechos históricos.

En vísperas de la Revolución de octubre, dos miembros del Comité Central del Partido bolchevique -Kamenev y Zinoviev- se declararon contra el plan de Lenin que auspiciaba un levantamiento armado... Sin embargo, después de la gran revolución de octubre, Zinoviev y Kamenev, como es sabido de todos, fueron colocados en posiciones de importancia. Lenin los situó en puestos de gran responsabilidad, desde los cuales influyeron en las altas tareas del Partido, participando activamente en la labor de los principales organismos del Partido. Es sabido que Zinoviev y Kamenev cometieron otra serie de errores durante la vida de Lenin, quien en su testamento establece que la actuación de Zinoviev y Kamenev durante la Revolución de octubre no era, por supuesto, un accidente, Sin embargo, Lenin no sugirió que se les apresara o fusilara. Tomemos ahora como ejemplo a los trotskistas. En este momento, después de un período histórico bastante amplio, podemos hablar de la lucha contra los trotskistas con calma y podemos analizar este asunto con suficiente objetividad. Al fin y al cabo en torno a Trotski había gente cuyo origen no puede llamarse burgués. Un grupo de ellos pertenecía a la intelectualidad del Partido y otros formaban parte de la clase trabajadora. Podemos identificar individualmente y nombrar a muchos que en su tiempo se unieron a los trotskistas, pero esto no quita que ellos participaron activamente en los movimientos obreros anteriores a la Revolución, durante la misma Revolución socialista de octubre y también en la consolidación de la victoria de la más grande de las revoluciones. Muchos de ellos rompieron con los trotskistas y volvieron a la posición leninista. ¿Era, necesario aniquilar a esa gente? Estamos profundamente convencidos de que si hubiese vivido Lenin no se habrían utilizado contra ellos métodos tan extremos.

He ahí unos cuantos hechos históricos. ¿Pero, podríamos decir que Lenin no se decidió a emplear incluso las medidas más severas contra los enemigos de la Revolución cuando fue imperativo hacerlo? No, nadie podría decir tal cosa. Vladimir Ilich exigió siempre un trato sin consideraciones para los enemigos de la Revolución y de la clase trabajadora y, cuando lo estimaba necesario, aplicaba los métodos más severos.

La severidad de Lenin era extrema sólo cuando lo consideraba indispensable, cuando las clases explotadoras existían todavía, y se oponían vigorosamente a la revolución, cuando la lucha por la supervivencia adquiría agudos contornos, mientras se proseguía la guerra civil. Stalin, por otra parte, utilizó métodos extremos en una época en que la revolución ya había vencido, Parece claro que Stalin demostró en un sinnúmero de oportunidades su intolerancia, su bestialidad y su abuso del poder. En vez de probar su corrección política y de movilizar a las masas, con frecuencia escogió el camino de la persecución y de la aniquilación física, no sólo contra enemigos verdaderos, sino también contra individuos que no habían cometido crimen alguno contra el gobierno o contra el Partido. Aquí no vemos signo alguno de sabiduría, sino más bien de esa fuerza bruta que tanto alarmó a Lenin.

Ultimamente, en especial después que se desenmascarara a la camarilla de Beria, el C.C. examinó una serie de asuntos fabricados por esta camarilla. Ello reveló un cuadro horroroso de brutalidad obcecada como consecuencia del comportamiento incorrecto de Stalin. Los hechos demuestran que Stalin, utilizando su poder ilimitado, cometió muchos abusos en nombre del C.C. y sin consultar la opinión de los miembros del Comité o siquiera de los miembros del Buró Político del C.C.; con frecuencia no informaba acerca de sus decisiones personales respecto a asuntos muy importantes del Partido y del gobierno. Lenin, por el contrario, jamás creyó inoportuno consultar cualquier asunto con el C.C. para que él lo aprobara, o al menos, con los miembros del Buró Político.

En el período más difícil de la vida de nuestro Partido y de nuestro país, Lenin creyó indispensable convocar regularmente congresos, conferencias del Partido y sesiones plenarias del C.C., en los cuales los más importantes asuntos se discutían y en que se tomaban resoluciones cuidadosamente estudiadas en conjunto por los dirigentes.

STALIN VIOLÓ BRUTALMENTE LOS PRINCIPIOS LENINISTAS

Así se procedía durante la vida de Lenin. ¿Se observaron los sagrados principios leninistas del Partido después de la muerte de Vladimir Ilich? Durante los primeros años, los congresos del Partido y los planes del C.C. se realizaron en forma más o menos regular; posteriormente, cuando Stalin comenzó a abusar de su poder en forma creciente, estos principios se violaron totalmente. En los últimos quince años de su vida esta situación empeoró. ¿Podría considerarse normal que transcurriesen trece años entre el XVIII y el XIX Congreso del Partido, años durante los cuales nuestro Partido y nuestro país vivió tantos acontecimientos importantes? Estos acontecimientos exigían categóricamente que el Partido resolviera acerca de ellos por cuanto afectaban, primero, la defensa del país durante la guerra patriótica, y, luego, en la época en que se construía para la paz, graves asuntos internos. Aun después de la guerra no se reunió un Congreso durante más de siete años. Los plenos del C.C. no se celebraron casi nunca. Debiera bastar que se mencione que durante todos los años de la guerra patriótica no se verificó un solo pleno del C.C. Es cierto que se intentó celebrar un pleno del C.C. en octubre de 1941, cuando se llamó a todos sus miembros de los diversos puntos del país, reuniéndoseles en Moscú. Esperaron dos días la inauguración de ese pleno, pero en vano; Stalin no quería ni siquiera reunirse y conversar con los miembros del C.C. Este hecho demuestra lo desmoralizado que se encontraba Stalin en los primeros meses de la guerra, y con cuanta altivez y desdén trataba a los miembros del C.C.

En la práctica, Stalin ignoraba las normas de la vida del Partido y pisoteaba los principios leninistas de gobierno colegial. La tendenciosa actitud de Stalin hacia el Partido y el C.C. se puso plenamente en evidencia después del XVII Congreso del Partido, que se realizó en 1934.

Disponiendo ahora de numerosos datos que comprueban su incalificable actitud hacia los líderes del Partido, el C.C. ha creado una Comisión del Partido bajo el control del Presidium del C.C. A esta Comisión se le encargó de investigar todo aquella que hizo posible las represiones en masa contra la mayoría de los miembros del C.C. y los candidatos elegidos para que actuaran en el XVII Congreso del Partido Comunista de toda la Unión.

LAS TERRIBLES «DEPURACIONES» DE 1937-1938

La Comisión se ha familiarizado con una gran cantidad de material existente en los archivos de la N.K.V.D. y con otros documentos, y ha establecido muchos hechos que conciernen la fabricación de cargos contra comunistas, las falsas acusaciones y los descarados abusos de la legalidad socialista que tuvieron como consecuencia la muerte de gente inocente. Es obvio que muchas de las actividades del Partido, del Soviet y de la economía se tildaron en 1937-1938 de «enemigas», cuando en realidad no las realizaban ni enemigos ni espías ni saboteadores, etc., sino comunistas honrados. Se trataba de gente acusada injustamente, que - no pudiendo soportar tanta bárbara tortura - se autoacusaban, por orden de los jueces investigadores y de los falsificadores, de toda clase de crímenes graves e increíbles. La Comisión ha presentado al Presidium del C.C. un material extenso y bien documentado referente a las represiones en masa llevadas a cabo contra los delegados del XVII Congreso del Partido y contra miembros del C.C. elegidos en ese Congreso. Este material ha sido estudiado por el

Presidium del C.C. y éste ha comprobada que de los 139 miembros y candidatos del C.C. del Partido que se eligieron en el XVII Congreso, 98 de ellos, es decir el 70 %, fueron detenidos y fusilados [la mayor parte entre 1937 y 1938]. (Indignación en la sala). ¿Cuál era la composición de los delegados que participaron en el XVII Congreso? Se sabe que el 80 % de, los participantes con voto del XVII Congreso ingresó en el Partido en la época de la conspiración anterior a la revolución y durante la guerra civil; esto significa antes de 1921. El origen social de la masa de los delegados era la clase trabajadora (60 % de los miembros con voto). Por esta razón es inconcebible que un Congreso así constituido eligiese al C.C. una mayoría compuesta por enemigos del Partido. La única razón por la cual se tildó al 70 %c de los miembros del C.C,, y de los miembros elegidos al XVIII Congreso de «enemigos del pueblo y del Partido», es porque se difamó a comunistas honrados por medio de acusaciones fabricadas, minando así gravemente la legalidad revolucionaria.

El mismo destino hallaron no sólo los miembros del C.C., sino también la mayoría de los delegados al XVII Congreso del Partido. De los 1.906 delegados que fueron allí ya sea para votar o para aconsejar, 1.108 fueron apresados y acusados de crímenes contra la revolución, es decir un número superior a la mayoría. Este mero hecho demuestra cuán absurdos, cuán contrarios al sentido común fueron los cargos de crímenes «contra-revolucionarios» esgrimidos en contra de ellos, ya que no nos es posible entender cómo la mayoría de los componentes del XVII Congreso pudiesen haber merecido tales acusaciones. (Indígnación en la sala).

Recordaremos que el XVII Congreso, del Partido se conoce históricamente como el Congreso de los Victoriosos. Los delegados a ese Congreso habían participado activamente en la construcción del Estado Socialista; muchos de ellos habían sufrido y soportado lo indecible por el Partido durante los años pre-revolucionarios. Ellos lucharon contra el enemigo valientemente y enfrentaron la muerte cara a cara, sin temor. Cómo nos va a ser posible crer que esa gente se demostrase posteriormente traidora y que hubiese ingresado en las filas de los enemigos del socialismo durante el período posterior a la liquidación política de los zinovievistas, trotskistas y derechistas y después de las grandes conquistas de la construcción socialista? Lo cierto es que todo esto fue el resultado de la forma en que Stalin abusó del poder y comenzó a utilizar el terror contra los jefes del Partido.

¿Cuál es la razón por la cual las persecuciones en masa contra los activistas se incrementaron más y más después del XVII Congreso? Es porque en este tiempo Stalin se había colocada por encima del Partido, por encima del país, de tal modo que había dejado de tomar en cuenta tanto al C.C. como al Partido. Stalin siguió considerando en cierto modo la opinión colectiva hasta el XVIII Congreso, pero después de la liquidación política de los trotskistas, zinovievistas y bujarinistas, cuando -como resultado de la lucha y de las victorias socialistas- el Partido había logrado la unidad, Stalin dejó de valorar aún en grado mínimo a los miembros del C.C. del Partido y aun a los del Buró Político; Stalin pensó que ahora podía decidirlo todo por su cuenta, y que necesitaba sólo la ayuda, de datos, estadísticos, y lo cierto es que trataba a todos los que no estudiaban las estadísticas, de un modo tal que sólo les era posible escucharle y alabarle.

Después del asesinato criminal de S. M. Kirov, el amigo más íntimo de Stalin, miembro del Politburó y jefe del Partido en Leningrado [su asesinato en 1934 fue el pretexto para iniciar una gran purga], comenzaron las persecuciones en masa y las violaciones brutales de la legalidad soviética. En la tarde del 10 de diciembre de 1934, por iniciativa de Stalin (sin la aprobación del Politburó), el Secretario del Comité Central Ejecutivo, Yenukidze, firmó la siguiente directiva:

«1. - Se ordena a los servicios de investigación que aceleren los casos de las personas a quienes se acusa de la preparación y ejecución de actos de terror.
2. - Se ordena a los organismos judiciales que no aplacen las ejecuciones de las penas de muerte dictadas por crímenes de esta categoría para examinar las posibilidades de indulto, porque el Presidium del Comité Central Ejecutivo de la URSS no considera posible aceptar peticiones de esta índole.
3. - Los organismos del Comisariado de Asuntos Interiores deben ejecutar las penas de muerte contra los criminales de la categoría arriba mencionada inmediatamente que se dicten las sentencias.» [Yenukidze, uno de los más antiguos amigos de Stalin, ejecutado en 1937].

Esta directiva fue la base de una serie de acusaciones en masa y de abusos contra la legalidad socialista. Durante muchos de los juicios fabricados se acusó a los reos de preparar actos de terrorismo; esto les privaba de la posibilidad de que sus casos fuesen reabiertos aun cuando ellos declararan ante el Tribunal que se les había hecho confesar a la fuerza o cuando, de un modo convincente, rechazaban las acusaciones esgrimidas contra ellos.

Una provocación de la G.P.U.: El asesinato de Kirov

Debe afirmarse que hasta el momento las circunstancias que rodean el asesinato de Kirov encubren muchos asuntos inexplicables y misteriosos que exigen un examen más cuidadoso. Hay razones que permiten suponer que el asesino de Kirov, Nikolayev, fue ayudado por uno de los hombres asignados para proteger la persona de Kirov. Mes y medio antes del asesinato, Nikolayev fue apresado por suponérsele un comportamiento sospechoso, pero se le dejó en libertad y ni siquiera se le registró. Es causa de sospecha el hecho de que cuando el miembro de la Cheka designado para proteger a Kirov fue conducido para ser interrogada el 2 de diciembre de 1934, murió en un accidente automovilístico, del cual salieron ilesos todos los otros ocupantes del vehículo. Después del asesinato de Kirov, altos funcionarios del N.K.V.D. en Leningrado fueron condenados sin severidad, pero en 1937 se les fusiló. Podemos presumir que se les fusiló con el objeto de cubrir los rastros de los organizadores del asesinato de Kirov (agitación en la, sala).

Las persecuciones en masa aumentaron inmensamente de 1936 en adelante y después de un telegrama de Stalin y Jdanov [antes de su muerte repentina en 1948, se consideraba a Jdanov como el posible sucesor de Stalin] fechado en Sochi el 25 de septiembre de 1936 y, dirigido a Kaganovich, Molotov y otros miembros de Politburó. Decía este telegrama lo siguiente:

«Consideramos absolutamente indispensable que el camarada Yejov sea nombrado Comisario del Pueblo para los asuntos interiores. Yagoda ha demostrado ser incapaz de desenmascarar al bloque trotskista-zinovievista. La O.G.P.U. lleva un atraso de cuatro años en este asunto. Ello lo han notado todos los militantes del Partido y la mayoría de los representantes de la N.K.V.D.»

Yagoda y Yejov fueron jefes de la Policía Secreta en períodos sucesivos. Yagoda, después de iniciar la gran purga cayó preso en ella y fue liquidado en 1938, Yejov asumió la dirección de las purgas y las prolongó enormemente, hasta que fue reemplazado por Beria en 1938, quien -aparentemente- lo hizo ejecutar.

Esta formulación stalinista de que la N.K.V.D. [término intercambiable con O.G.P.U.] llevaba cuatro años de atraso en sus investigaciones represivas y de que era necesario recuperar el tiempo perdido, indujo a los miembros de la N.K.V.D. a realizar ejecuciones y detenciones en masa.

Debemos recalcar que se impuso esta formulación a la Sesión Plenaria del Comité Central del Partido Comunista, celebrada entre febrero y marzo de 1937. La Sesión Plenaria aprobó la resolución basándose en el informe Yejov intitulado «Lecciones que surgen de las actividades nefastas de espionaje y diversión organizadas por agentes japoneses, alemanes y trotskistas». Por lo cual se acordó lo siguiente:

«El Pleno del Comité Central del Partido Comunista Bolchevique considera que todos los hechos revelados durante la investigación de una actividad anti-soviética de origen trotskista, apoyada por sus secuaces en las provincias, demuestran que el Comisariado del Pueblo de Asuntos Interiores se ha atrasado por lo menos cuatro años en el trabajo destinado a desenmascarar a los inexorables enemigos del pueblo.»

Es así que las persecuciones en masa se estimulaban en este tiempo en nombre de la lucha contra el trotskismo. ¿Es cierto que los trotskistas en ese tiempo constituían un peligro para el Partido y el Estado Soviético? Debemos recordar que en 1927, en vísperas del XV Congreso del Partido, el movimiento trotskista-zinovievista de oposición sólo obtuvo 4.000 de los 724.000; votos emitidos. Durante los diez años que transcurrieron entre el XV Congreso del Partido y el Pleno de febrero y marzo del C.C. del Partido, el trotskismo se había debilitado del todo, muchos trotskistas de antes habían variado de opinión y trabajaban en diversos sectores por la construcción del socialismo. Queda en claro que la marcha de la construcción socialista era tal que no justificaba el terror y las represiones en masa por todo el país.

Lo cierto es que Lenin enseñó que sólo era necesario recurrir a la violencia revolucionaria cuando existía resistencia de parte de las clases explotadoras y tenían poder. Tan pronto como la situación política de la nación hubo mejorado, cuando en enero de 1920 el Ejército Rojo se apoderó de Rostov, logrando su más importante victoria sobre Denikin, Lenin dió órdenes a Deherjinsky [primer jefe de la Policía Secreta Bolchevique] de cesar el terror y de abolir la pena de muerte. Lenin justificó esta importante medida política del Estado Soviético del siguiente modo en su informe a la Sesión del Comité Central Ejecutivo del 2 de febrero de 1920:

«Nos vimos obligados a recurrir al terror debido a que el terror lo practicó la Entente cuando poderosas potencias del mundo lanzaron sus hordas contra nosotros. No hubiésemos durado dos días si no hubiésemos respondido a estos atentados de la oficialidad y de la Guardia Blanca sin dar cuartel. Tuvimos que recurrir al terror, pero fue la Entente, debido a sus métodos terroristas, la que nos obligó a hacerlo. Pero tan pronto como logramos una victoria decisiva y aún antes de que terminase la guerra, inmediatamente después de la toma de Rostov, renunciamos a la pena de muerte, probando así nuestra decisión de llevar a cabo nuestro programa en la forma en que lo habíamos prometido.

Decimos ahora que nuestra decisión de recurrir a la violencia es consecuencia de nuestra determinación de neutralizar a los explotadores, los grandes terratenientes y los capitalistas. Tan pronto como se logró esto, abandonamos el uso, de métodos despiadados. Lo hemos probado en la práctica.»

Stalin renegó de estos claros preceptos de Lenin. Stalin lanzó al Partido y la N.K.V.D. a una política de terror cuando las clases explotadoras de nuestro país habían sido liquidadas, por lo cual no había razón que la justificara.

Este terror tenía como objeto no eliminar los restos de las clases explotadoras, sino perseguir a trabajadores honrados del Partido y del Estado Soviético; contra ellos se esgrimieron acusaciones difamantes, falsas y absurdas, atribuyéndoseles intenciones ocultas de espionaje, sabotaje y la prepara ión de complots ficticios, etc.

En el Pleno del Comité Central celebrado entre febrero y marzo de 1937, muchos de sus miembros pusieron en duda la justeza del curso que se había impuesto a los acontecimientos al mantener las represiones en masa bajo el pretexto de que se combatía intenciones ocultas. El camarada Postyshev, jefe del Partido en Ucrania, quien desapareció en 1937, expresó con mucha habilidad sus dudas al respecto, observando:

«Mi pensamiento me induce a considerar que los severos años de lucha han terminado; los miembros del Partido que han perdido su vigor, se han desmoralizado y unido al campo del enemigo; elementos saludables siguen luchando por el Partido. Estos han sido los años de la industrialización y la colectivización. No me es posible pensar que después del período de severidad, Karpov y gente como él se encuentren junto al enemigo. (Karpov fue un miembro del Comité Central Ucraniano que Postyshev conocía bien). Y ahora, según lo que aquí se muestra, resulta que Karpov fue reclutado en 1934 por los trotskistas. Personalmente no creo que en 1934 un miembro honrado del Partido, que durante largo tiempo marchó sin cejar por el duro camino que imponía la lucha contra los enemigos del Socialismo y del Partido, podría traicionar en esa forma. Yo no lo creo... No me puedo imaginar que sea posible estar con el Partido durante los años difíciles y luego, en 1934, pasarse a los trotskistas. Esto es algo muy raro...» (Agitación en la sala).

Utilizando la formulación de Stalin que establece que mientras más cerca nos hallamos del socialismo, más enemigos le surgen, y basándose en la resolución aprobada por el Plena del C.C. celebrado entre febrero y marzo y que es consecuencia del informe de Yejov, provocadores que se habían infiltrado en los organismos de seguridad del Estado comenzaron a proteger -en nombre del Partido- la persecución en masa que se realizaba contra los miembros del Partido, los líderes del Estado Soviético y los simples ciudadanos soviéticos. Basta anotar que el número de personas apresadas por crímenes «contrarrevolucionarios» aumentó diez veces entre 1936 y 1937.

La mayoría de los miembros y candidatos del Comité Central elegidos durante el XVII Congreso y apresados entre 1937 y 1938, fueron expulsados ilegalmente, lo que constituye un abuso brutal de los Estatutos del Partido, por cuanto el C.C. reunido en Pleno jamás estudió sus casos.

Ahora bien, cuando se examinaron las acusaciones contra estos presuntos espías y saboteadores se encontró que se habían inventado sus crímenes. Las confesiones de culpabilidad de muchos de esos presuntos enemigos del pueblo se obtuvieron sometiéndolos a torturas inhumanas y crueles.

Al mismo tiempo Stalin, según nos han informado los miembros del Politburó de ese tiempo, jamás mostró a ese organismo las declaraciones hechas por los acusados ante el Tribunal Militar, en las cuales, negaban sus confesiones y solicitaban que se reabriera su proceso. Declaraciones de ese tipo había muchas y Stalin las conocía. El C.C. considera indispensable informar al Congreso acerca de muchos de estos casos fabricados contra los miembros del Comité Central del Partido elegidos en el XVII Congreso. Un ejemplo de provocación vil, de falsificación detestable y de violación criminal de la legalidad revolucionaria es el caso del que fuera candidato al Politburó del Comité Central, un eminente trabajador del Partido y del gobierno soviético, el camarada Eikhe, que había ingresado en el Partido en 1905. Se detuvo al camarada Eikhe el 29 de abril de 1938 a raíz de un informe difamante, sin la sanción del fiscal de la URSS, que se recibió finalmente quince meses después de que se le detuviera. La investigación del caso Eikhe se verificó de un modo que violó la legalidad soviética en forma absoluta y sobre las bases de una falsificación consciente de los hechos.

Se le obligó a Eikhe, bajo tortura, a firmar antes de tiempo un protocolo de sus confesiones preparado por los jueces a cargo de la investigación, que lo acusaban de actividades antisoviéticas.

El 1º de octubre de 1939 Eikhe envió una declaración a Stalin, en la cual negó categóricamente su culpabilidad y solicitó que se revisara su caso. En esa declaración decía: «No hay miseria más grande que estar sentado tras las rejas de una cárcel del gobierno por el cual uno ha luchado con todas sus fuerzas». Una segunda declaración de Eikhe, que él envió a Stalin el 27 de octubre de 1939, se ha conservado. Se puede leer en ella lo siguiente:

«El 25 de octubre de este año se me informó que una investigación de mi caso había culminado y se me permitió acceso a los documentos de esa investigación. Si fuese cierta la centésima parte de los crímenes de que se me acusa no me habría atrevido a enviarle esta declaración antes de que se me ejecutara: no obstante no soy culpable de una sola de esas acusaciones y mi corazón se encuentra limpio aún de la sombra de una bajeza. Jamás en mi vida le he dicho a Ud. una sola mentira y ahora que tengo mis dos pies en la tumba, tampoco le miento. Todo mi caso es un ejemplo típico de provocación, difamación y violación de las bases elementales de nuestra legalidad revolucionaria... Las confesiones que se incluyen en mi expediente no sólo son absurdas, sino que contienen además declaraciones difamantes acerca del C.C. del Partido Bolchevique y del Consejo de Comisarios del Pueblo, por cuanto resoluciones correctas del Comité Central del Partido Bolchevique y del Consejo de Comisarios del Pueblo, que no se tomaron a raíz de una iniciativa mía y en las cuales no intervine, se presentan como actos hostiles de organizaciones contrarrevolucionarias realizados por insinuación mía.

Ahora me refiero a la parte más vergonzosa de mi vida, o sea, a mi confesión de estar envuelto en actividades contrarrevolucionarias... El caso es el siguiente: No me fue posible soportar las torturas a que me sometieron Ushakov y Nikolayev (oficiales de la N.K.V.D.), y especialmente el primero, que, sabiendo que tenía las costillas rotas y que ellas todavía no se habían soldado, me causó mucho dolor, obligándome así a acusarme a mí mismo y a otros.

La mayor parte de mi confesión me fue sugerida o dictada por Ushakov, el resto es mi reconstrucción del material proporcionado por la N.K.V.D., referente a Siberia Oriental y por él asumo toda responsabilidad. Cada vez que alguna parte de lo que se había dictado, o sea, de la historia fabricada por Ushakov, se mostraba inconsistente, se me obligaba a firmar una modificación. (...) Le ruego y solicito que estudie nuevamente mi caso y no con el objeto de que se me indulte, sino con la finalidad de desenmascarar la vil provocación que como una serpiente se ha envuelto en torno a muchas personas como consecuencia de mezquindad y difamación criminal. Yo nunca lo he traicionado a Vd. ni al Partido. Sé que muero debido al vil y mezquino trabajo de enemigos del Partido, del pueblo, que han fabricado esta provocación contra mí.»

Parecería que una declaración tan importante merecía llevarse al C.C. para que él la examinara. Esto no se hizo y la declaración fue enviada a Beria mientras se seguía maltratando al candidato al Politburó, camarada Eikhe. El 2 de febrero de 1940 se llevó a Eikhe ante el tribunal.

El 4 de febrero, Eikhe fue fusilado. (Indignación en la sala). Ahora se ha establecido en forma definitiva que el caso de Eikhe fue fabricado enteramente; se le ha concedido una rehabilitación póstuma.

El camarada Rudzutak, candidato a miembro del Politburó, miembro del Partido desde 1905, que había sufrido diez años de encarcelamiento durante el régimen zarista, renegó absolutamente ante el Tribunal de la confesión que se le había obligado a firmar. Los protocolos de la sesión del Colegio del Tribunal Supremo Militar contienen la siguiente declaración de Rudzutak:

«...La única petición que hace el Tribunal es que el Comité Central del Partido Comunista Bolchevique sea informado de que la N.K.V.D. cuenta entre los suyos con un núcleo que hábilmente fabrica documentos acusatorios que obligan a gente inocente a confesar; no se le da a uno oportunidad de demostrar que no ha participado en los crímenes que las confesiones de otras personas establecen. Los métodos de investigación son tales que obligan a mentir a las personas y a difamar a gente enteramente inocente fuera de los que ya soportan una acusación. Le pide al Tribunal que se lo permita informar al C.C. del Partido Comunista Bolchevique acerca de todo esto por escrito. Él asegura al Tribunal que personalmente no ha tenido nunca intenciones malignas respecto a la política de nuestro Partido, porque siempre ha estado de acuerdo con la política del Partido en lo que concierne a las actividades culturales y económicas.»

Esta declaración de Rudzutak se ignoró a pesar de que Rudzutak era en ese momento jefe de la Comisión de Control Central que se había organizado de acuerdo con las concepciones de Lenin con el objeto de luchar por la unidad del Partido... De este modo cayó el jefe de este alto organismo víctima de una voluntad bestial y antojadiza; ni se le hizo comparecer ante el Politburó del C.C., porque Stalin no quería hablar con él. En veinte minutos se decidió su sentencia y fue fusilado. (Indignación en la sala). Después de estudiar cuidadosamente este caso en 1955, se estableció que la acusación contra Rudzutak era falsa y que se basaba en material difamante. Rudzutak ha sido rehabilitado después de su muerte. La forma en que trabajaba la N.K.V.D. para fabricar diversos centros ficticios antisoviéticos y bloques de la misma índole con la ayuda de métodos provocadores se esclarece en la confesión del camarada Rosenblum, miembro del Partido desde 1906, a quien se detuvo en 1937 en Leningrado por orden de la N.K.V.D.

La G.P.U. FABRICA «CENTROS ANTISOVIÉTICOS»

Durante el examen a que fue sometido en 1955 el caso de Komarov, se supo lo siguiente acerca de Rosenblum: Cuando Rosenblum fue detenido en 1937, se le torturó en forma terrible y se le ordenó que confesara informaciones falsas respecto a su persona y a otras. Entonces se le llevó a la oficina de Zakovsky (alto oficial de la Policía Secreta), quien le ofreció su libertad a condición de que confesara ante el Tribuna lo que se había fabricado contra él en la N.K.V.D. en 1937, referente a sabotaje, espionaje y trabajo en un centro terrorista de Leningrado. (Agitación en la sala). Con cinismo increíble Zakovsky habló revelándome cómo operaba el vil mecanismo para la ingeniosa creación de complota antisoviéticos ficticios.

«Con el objeto de informarme al respecto -dijo Rosenblum- Zakovsky me insinuó varias posibles variantes de la organización del centro de Leningrado y sus sucursales. Después de explicarme la organización en detalle, Zakovsky me dijo que la N.K.V.D. estudiaría el caso de este centro, observando que el juicio sería público. Ante los tribunales se acusaría a cuatro o cinco supuestos miembros de este centro, a Chudov, Ugarov, Smorodin, Pozern, Shaposhnikova (esposa de Chudov) y otros, conjuntamente con dos o tres miembros de las sucursales de éste centro... Ud. mismo, dijo Zakovsky, no necesitará inventar nada. La N.K.V.D. preparará para Ud. una reseña respecto a cada sucursal del Centro; la tendrá que estudiar muy bien y recordar en detalle las preguntas y las respuestas que puedan surgir en el Tribunal. Este caso estará listo dentro de unos tres o cuatro meses o quizás medio-año.

Durante todo este tiempo Ud. ha de prepararse de modo que no comprometa ni la investigación ni a su persona. Su futuro dependerá del desenlace del juicio y sus resultados. Si Ud. comienza a mentir y atestiguar falsamente, cúlpese Ud. mismo. Si logra soportarlo, salvará su cabeza y nosotros lo alimentaremos, y vestiremos a expensas del gobierno hasta el día de su muerte.»

Este es el tipo de vileza que se practicaba en ese tiempo. (Agitación en la sala). Kamarov, un viejo bolchevique, fue liquidado en la gran purga y rehabilitado en 1955. Rosenblum cayó víctima de la gran purga.

La práctica de la falsificación de casos puesta en marcha por la N.K.V.D. afectó aún más a las provincias que a la metrópoli. El material de investigación de ese tiempo demuestra que en casi todas las regiones y provincias de la República existían supuestos grupos de derechistas-trotskistas dedicados al espionaje y al terror, organizados en centros de sabotaje y lo curioso es que los jefes de todas estas organizaciones, no sabemos por qué razón, eran siempre los Primeros Secretarios de los Comités Centrales del Partido Comunista en las provincias o repúblicas de la Unión Soviética. (Agitación en la sala).

Muchos miles de comunistas inocentes y honrados han muerto como resultado de estas monstruosas falsificaciones y como consecuencia del hecho de que se aceptó todo tipo de confesiones difamantes obtenidas por la fuerza y en las cuales existían autoacusaciones y acusaciones a otro. De esa manera se fabricaron los casos contra los eminentes trabajadores del Estado y del Partido: Kossior, Chubar, Postyschev, Korsaryev y otros.

Durante esos años se aplicó la persecución en gran escala y de ello resultó la pérdida de muchos leales servidores del Partido. Se aceptó la viciosa práctica de permitir que la N.K.V.D. preparase lista de personas cuyos casos caían bajo la jurisdicción del Colegio Militar y las sentencias de esas personas se preparaban de antemano. Yejov enviaba estas listas a Stalin para que él las aprobara en persona y sugiriera el castigo. Entre 1937 y 1938, 383 de estas listas que contenían los nombres de muchos miles de miembros del Partido, del Gobierno, del Komsomol, del Ejército y de la Economía se enviaron a Stalin. Él aprobó esas listas.

Un gran número de estos casos se está revisando ahora y muchos de ellos se han anulado porque se basan en falsificaciones. Basta que se diga que desde 1954 hasta el momento, el Colegio Militar del Tribunal Supremo ha rehabilitado a 7.679 personas, muchas de las cuales están muertas. Detenciones en masa de trabajadores del Partido, de la Economía, del Soviet y del Ejército han causado enorme daño a nuestro país y a la causa del desarrollo socialista. La persecución en masa tiene una influencia negativa sobre las condiciones político-morales del Partido, puesto que crean una situación de incertidumbre y un ambiente de sospechas malsanas que destruye la confianza entre los comunistas. Todo tipo de difamadores y de trepadores se aprovechó de esta circunstancia.

Las resoluciones del Pleno del C.C. del Partido Comunista, celebrado en enero de 1938, habían mejorado en parte la organización del Partido. No obstante, ene 1938 continuaban las persecuciones. Sólo porque este Partido tiene a su disposición un fondo moral y político tan poderoso ha podido sobrevivir tras la difícil etapa de 1937-1938.

STALIN ORDENA QUE SE APLIQUEN TORTURAS FÍSICAS

Con justicia acusamos a Yejov por las prácticas degeneradas que puso en marcha en 1937. Pero debemos contestar las siguientes preguntas: ¿Es posible que Yejov detuviera a Kossior sin el consentimiento de Stalin? ¿H.ubo un cambio de opiniones o alguna decisión del Politburó al respecto? No, no hubo, como tampoco lo hubo en otros casos semejantes. ¿Podría Yejov haber decidido por su cuenta un asunto tan importante como el que atañe a la vida de un eminente miembro del Partido? No seria ingenuo creer que toda esto es la obra particular de Yejov. Es obvio que estos asuntos los decidía Stalin y que si él no hubiese ordenado y sancionado todo, Yejov no habría podido operar.

Hemos examinado los casos de Kossior, de Rudzutak [uno de los miembros del Politburó, que desapareció en 1938], de Postyshev, de Kosaryev y otros y los hemos rehabilitado. ¿Por qué causa se detuvo y sentenció a estas personas? Al revisar la evidencia, no se encuentra razón para ello. Ellos, como muchos otros, fueron detenidos sin el conocimiento del fiscal. En tal caso no hay necesidad de que se sancione nada y ¡qué sanción se iba a necesitar cuando Stalin lo decidía todo! Él era en estos casos el fiscal. Stalin no sólo estaba de acuerdo con estas detenciones, sino que él las ordenaba por iniciativa propia. Debemos decir esto para que los delegados del Congreso puedan valorar los hechos y llegar a las debidas conclusiones. Los acontecimientos prueban que muchos de los abusos fueron ordenados por Stalin sin tomar en cuenta ninguna de las normas del Partido o de la Ley Soviética. Stalin era un hombre desconfiado, enfermizamente suspicaz; nosotros lo conocíamos, porque trabajábamos con él. Podía mirar a un hombre y decir: «¿Por qué están tan esquivos tus ojos hoy?» o «¿Por qué vuelves los ojos hacia otro lado y evitas mirarme de frente?» Sus enfermizas sospechas creaban en él una desconfianza general que envolvía aun a los más destacados miembros del Partido que conocía desde hacía muchos años. En todas partes veía enemigos, agentes dobles y espías. Puesto que poseía un poder ilimitado, daba rienda suelta a su carácter voluntarioso, asfixiando moral y físicamente a las personas. Surgió una situación que hacía imposible que uno expresara su voluntad. Cuando Stalin decía que era necesario detener a tal o cual persona, había que aceptar dogmáticamente que se trataba de un «enemigo del pueblo». Mientras tanto la pandilla de Beria, que dirigía los organismos de seguridad del Estado, se superaba fabricando las pruebas de la culpabilidad de los detenidos y de la veracidad de los documentos que falsificaba. ¿Y qué pruebas se ofrecían? Las confesiones de los detenidos; y los jueces instructores aceptaban estas confesiones. ¿Y cómo es posible que una persona confiese haber realizado crímenes que no ha cometido? Sólo si se aplican métodos de tortura física que la reduce a un estado de inconsciencia, que la priva de su juicio y la despoja de su dignidad de ser humano. De esta manera se obtenían las confesiones.

Cuando la ola de detenciones en masa empezó a disminuir en 1939 y los líderes territoriales de las organizaciones del Partido comenzaron a acusar a los miembros de la N.K.V.D. de usar métodos de presión física, entonces Stalin despachó un telegrama en clave, el 20 de enero de 1939, al Comité de Secretarios de Regiones y Territorios, a los Comités Centrales de los Partidos Comunistas de las Repúblicas Populares, a, los Comisarios- de Asuntos Interiores y a los jefes de la N.K.V.D. Establecía este telegrama:

«El Comité Central del Partido Comunista de la Unión Soviética precisa que la aplicación de métodos de presión física por la N.K.V.D. es aceptada desde 1937 de acuerdo con el permiso dado por el Comité Central del Partido Comunista Bolchevique en 1937... Es cosa sabida que todos los servicios policíacos de los burgueses, utilizan medios físicos para influir sobre los representantes del proletariado socialista y que los usan en sus formas más escandalosas. Cabe preguntarse: ¿por qué el Servicio de Inteligencia Socialista ha de ser más humanitario con los enloquecidos agentes de la burguesía, con los mortales enemigos de la clase trabajadora? El Comité Central del Partido Comunista Bolchevique considera que se debe presionar físicamente, aunque sólo cuando se trate de conocidos y obstinados enemigos del pueblo, siendo en estos casos justificable y apropiado.»

De esta manera sanciona Stalin, en nombre del C.C. del Partido Comunista Bolchevique, la más vil violación de la legalidad socialista, la tortura y la opresión, todo lo cual condujo a difamantes acusaciones por parte de gente inocente.

Estos y otros muchos hechos demuestran que todas las normas correctas del Partido para la solución de diversos problemas se anularon, de modo que todo dependía del capricho de un hombre.

El «genio militar» de Stalin

El poder acumulado en las manos de una persona, Stalin, condujo a serios errores de nefastas consecuencias durante la gran guerra patriótica. Cuando vemos muchas de nuestras películas, leemos muchas de nuestras novelas y estudios históricos y científicos, la labor de Stalin en la guerra patriótica aparece como algo enteramente inverosímil. Stalin lo había previsto todo. El ejército soviético, basándose en planes estratégicos preparados mucho antes por Stalin, y utilizando tácticas denominadas de «defensa activa», es decir, tácticas que permitieron a los alemanes llegar hasta Moscú y Stalingrado, gracias al genio de Stalin, quebró la ofensiva y subyugó al enemigo. La victoria épica lograda por el poderío armado de la tierra soviética, por el heroísmo de su pueblo, se atribuye enteramente en estas novelas, películas y estudios científicos al genio estratégico de Stalin.

Debemos analizar este asunto con cuidado, porque tiene inmenso alcance desde el punto de vista no sólo histórico, sino también político, educativo y práctico.

Durante y después de la guerra, Stalin adelantó la tesis de que la tragedia que nuestra nación vivió en la primera parte de la guerra era consecuencia de que Alemania atacó inesperadamente a la Unión Soviética. Pero, camaradas, esto no es verdad. Tan pronto como Hitler llegó al poder en Alemania, se asignó a sí mismo la tarea de liquidar al comunismo. Los fascistas confesaban esto abiertamente y ellos no escondieron sus planes. Con el objeto de obtener esta finalidad agresiva, Hitler creó toda suerte de pactos y bloques, tales como el famoso Eje Berlín-Roma-Tokio. Muchos hechos anteriores a la guerra demuestran que Hitler tenía la intención de lanzarse contra la Unión Soviética, y que había concentrado grandes unidades armadas como también cuerpos blindados cerca de la frontera soviética.

Documentos que se han publicado, demuestran que el 3 de abril de 1941, Churchill, a través de su embajador en la URSS, Cripps, advirtió personalmente a Stalin que Hitler estaba reagrupando sus fuerzas armadas con el objeto de atacar a la Unión Soviética. Es evidente que Churchill no hizo esto debido a que abrigaba un sentimiento de amistad hacia la Unión Soviética. Tenía muy presentes sus miras imperialistas, a las cuales convenía una sangrienta guerra entre Alemania y la URSS para así fortalecer al Imperio británico. No obstante, Churchill afirmaba en su nota que deseaba prevenir a Stalin y llamarle la atención respecto al peligro que le amenazaba. Churchill hizo hincapié repetidas veces en esto, tanto en sus despachos del 18 de abril como en los de los días siguientes. Pero Stalin no hizo caso de estas advertencias; más aún dió órdenes de que no se atribuyera importancia a esta clase de información para no provocar la iniciación de operaciones militares. Debemos reafirmar que informaciones de este tipo respecto a concentraciones alemanas destinadas a invadir el territorio soviético llegaban también a través de nuestros servicios militares y diplomáticos. No obstante, puesto que nuestros líderes estaban preparados para no aceptar esas informaciones, ese tipo de noticias se enviaba con temor y se valoraba con reserva. Un cable de nuestra Embajada en Londres, con fecha 18 de junio de 1941, dice:

«Desde ahora Cripps está absolutamente convencido de que es inevitable un conflicto entre Alemania y la URSS, y que éste se iniciará a más tardar a mediados de junio. Según Cripps, los alemanes, hasta el presente, tienen concentradas 147 divisiones (incluyendo fuerza aérea y unidades auxiliares) a lo largo de la frontera soviética...»

A pesar de estos avisos extremadamente serios, no se tomaron las medidas necesarias para preparar debidamente al país para su defensa o para prevenir que se le tomara de sorpresa. ¿Contábamos con el tiempo y con la capacidad para prepararnos? Sí, tuvimos tiempo y teníamos capacidad. Nuestra industria había ya logrado un desarrollo tal, que era capaz de proveer totalmente al Ejército soviético. Esto lo prueba el hecho de que aunque durante la guerra perdimos casi la mitad de nuestra industria, e importantes zonas industriales y productoras de alimentos, como resultado de la ocupación de Ucrania, del Cáucaso del Norte y de otras partes occidentales del país, la nación soviética pudo aún organizar su producción de equipo militar en las regiones orientales y proveer a nuestras fuerzas armadas con todo lo necesario para destruir al enemigo. Si se hubiese movilizado nuestra industria debidamente y a tiempo para que proveyese al Ejército con el material necesario, nuestras pérdidas de guerra habrían sido decididamente inferiores. Esa movilización no se comenzó, sin embargo, cuando se debía. Y ya en los primeros días de la guerra se hizo obvio que nuestro Ejército estaba mal equipado, que no teníamos suficiente artillería, tanques o aviones. La ciencia y la tecnología soviéticas produjeron excelentes modelos de tanques y piezas de artillería antes de la guerra. Pero no estaba organizada la producción en masa y lo cierto es que comenzamos a modernizar nuestro equipo en vísperas de la guerra. Como resultado de todo esto, en el momento que se produjo la invasión enemiga del territorio soviético, no teníamos la suficiente cantidad ya sea de maquinaria antigua que no se utilizaba para la producción de armamentos o de maquinaria nueva que pensábamos introducir en la producción de armas de guerra. La situación, en lo que se refiere a artillería antiaérea, era especialmente débil; no habíamos organizado tampoco la producción de municiones antitanque. Fue imposible defender muchas regiones fortificadas tan pronto como se las atacó, porque los armamentos antiguos se habían retirado y los nuevos no estaban en producción. Esto afectaba no sólo la situación referente a la producción de tanques, artillería y aviones. Al estallar la guerra no teníamos siquiera el suficiente número de fusiles para equipar a los movilizados. Recuerdo que en esos días llamé de Kiev al camarada Malenkov y le dije: «El pueblo se ha presentado voluntariamente con el objeto de ingresar en el nuevo ejército y pide armas. Ud. debe enviarme armas». Malenkov, entonces miembro del Consejo Interior de Guerra, me contestó: «No podemos enviarle armas; estamos enviando todos nuestros fusiles a

Leningrado y tendrán que armarse ustedes mismos.» (Agitación en la sala).

Tal era la situación armamentista entonces. En este sentido no podemos olvidarnos, por ejemplo, del siguiente hecho. Poco después de la invasión de la Unión Soviética por el ejército de Hitler, Korponos, entonces jefe del Distrito Militar Especial de Kiev (que posteriormente murió en el frente) escribió a Stalin diciéndole que los alemanes habían llegado al río Bug y se estaban preparando para un ataque y que en un futuro muy cercano probablemente iniciarían una ofensiva, Por eso Korponos sugería que se organizara una fuerte línea defensiva, que se evacuaran 300.000 personas de la zona fronteriza y que varios puntos fuertes se organizaran ahí con zanjas antitanques y trincheras para soldados, etc. Moscú respondió a esta sugestión insinuando que esta medida constituiría una provocación y que no le era permitido iniciar trabajos defensivos en la frontera, ya que no se podía dar a los alemanes pretexto alguno para que iniciaran operaciones militares. Así es, pues, que nuestras fronteras no se hallaban preparadas para repeler al enemigo.

Cuando los ejércitos fascistas invadieron el territorio soviético y comenzaron las operaciones militares, Moscú emitió una orden, en virtud de la cual se prohibía contestar al fuego alemán. ¿Por qué? Porque Stalin seguía convencido, a pesar de los hechos, de que la guerra no había aún comenzado, y que esto era sólo una acción de provocación de parte de diversas secciones indisciplinadas del ejército alemán, y que nuestra reacción podría ser causa de que los alemanes comenzaran la guerra.

Lo siguiente también es bien conocido. La víspera de la invasión del territorio de la Unión Soviético por el ejército de Hitler, cierto ciudadano alemán cruzó nuestra frontera y declaró que los ejércitos alemanes habían recibido órdenes de iniciar la ofensiva contra la Unión Soviética en la noche del 22 de junio a las 3 de la mañana. Stalin fue informado al respecto inmediatamente, pero aun esta advertencia fue ignorada por él. Como se ve, todo se ignoró: las advertencias de ciertos comandantes de ejército, las declaraciones de desertores del ejército del enemigo y aun la abierta hostilidad del enemigo. ¿Es éste un ejemplo de lo alerta que estaba el jefe del Partido en un momento histórico particularmente significativo?

¿Y cuál fue el resultado de esta actitud indifernte, de este desconocimiento de los hechos? El resultado fue que ya a pocas horas y días de iniciarse el ataque, el enemigo había destruído en la región de la frontera gran parte de nuestra aviación, de nuestra artillería y otro equipo militar; había aniquilado un gran número de nuestros comandos militares y desorganizado nuestro mando; a consecuencia de esto, no pudimos evitar que el enemigo penetrara profundamente en nuestro territorio.

Muy serias consecuencias, especialmente en lo que se refiere a la etapa inicial de la guerra, siguieron al hecho de que Stalin hubiese aniquilado a tantos comandantes del ejército y comisarios políticos entre 1937 y 1941. Durante los años de represión, sufrieron numerosos núcleos del Comando Militar, comenzando literalmente desde el nivel del comandante de batallón y compañía hasta llegar a los más altos niveles de la jerarquía militar; durante ese tiempo los núcleos de jefes que habían adquirido experiencia militar en España y en Extremo Oriente, fueron liquidados casi completamente.

La política de persecuciones en gran escala contra los núcleos militares minó la disciplina militar, porque durante varios años oficiales de todos los rangos y aun soldados del Partido y del Komsomol debían, en sus respectivas células, desenmascarar a sus superiores como a enemigos ocultos. (Agitación en la sala).

Es lógico que esto influyera en forma negativa sobre la disciplina militar en el período inicial de la guerra. Uds. saben que teníamos antes de la guerra excelentes mandos, cuya lealtad al Partido y a la patria era indudable. Baste con decir que aquellos que lograron sobrevivir, a pesar de las torturas que debieron soportar en las prisiones, demostraron ser desde los primeros días de la guerra, verdaderos patriotas y que pelearon heroicamente por la gloria de nuestro país. Pienso en estos momentos en camaradas como Rokossovsky (que, como se sabe, había estado preso), Gorbatov, Meretskov (que es un delegado en el presente Congreso), Poklas (que fué un excelente comandante y que pereció en el frente), y muchos, muchos otros. No obstante, numerosos comandantes de este temple perecieron en campos y prisiones y el Ejército no volvió a verlos más. Fueron éstas las causas de la situación que se produjo al comienzo de la guerra y que tanto hizo peligrar a la patria, No sería correcto olvidar que después de los primeros severos desastres en el frente, Stalin pensó que se estaba ante el fin. En uno de sus discursos de esos días dijo: «Todo aquello que Lenin creó, se ha perdido para siempre».

Después de esto, por un buen tiempo, Stalin se alejó de la dirección de las operaciones militares y se dedicó a no hacer nada. Volvió a asumir la dirección activa sólo cuando el Politburó lo visitó para decirle que era necesario tomar ciertas medidas para mejorar la, situación en el frente. Por lo tanto, la amenazadora situación que se cernió sobre la nación en el primer período de la guerra, fue consecuencia de métodos erróneos empleados por Stalin mismo.

No hablamos, sin embargo, solamente de los momentos en que la guerra se iniciaba, cuando la desorganización de nuestros ejércitos trajo como consecuencia severas pérdidas. Meses después, la histeria y el nerviosismo de Stalin le impulsaron a intervenir en las operaciones militares, causando serios daños al ejército. Stalin estaba lejos de comprender lo que acontecía en el frente. Esto era natural, porque durante toda la guerra patriótica nunca visitó ningún sector del frente, ni ciudad liberada alguna, salvo una breve excursión hacia Mozhaisk cuando la situación allí se había estabilizado. A este incidente se han dedicado muchas obras literarias saturadas de fantasía y también muchos cuadros. Simultáneamente, Stalin se estaba entrometiendo en las operaciones y dictando órdenes que no tomaban en cuenta la situación real en un sector determinado del frente y que no podían sino culminar en grandes pérdidas humanas.

Me permitiré en esta ocasión hacer resaltar un hecho característico que ilustra cómo Stalin dirigía las operaciones del frente. Está presente en este Congreso el Mariscal Bagramyan, que fue en un tiempo jefe de operaciones del Cuartel General del frente sud-occidental y que podrá confirmar lo que les digo. Cuando surgió una situación extremadamente seria en la región de Jarkov, él había decidido correctamente suprimir una operación cuyo objetivo era rodear Jarkov, porque la situación real en ese momento hacía pensar que podrían producirse consecuencias fatales si se continuaba la operación. Informamos de esto a Stalin haciéndole ver que la situación exigía cambios en el plan de operaciones para evitar que el enemigo liquidara una concentración considerable de nuestro ejército. Stalin, desafiando el sentido común, ignoró nuestras sugestiones y ordenó que se continuara la operación destinada a rodear Jarkov, a pesar del hecho de que en ese instante muchas concentraciones del ejército se encontraban amenazadas y podían ser rodeadas y liquidadas. Llamé por teléfono a Vasilevsky, entonces jefe del Estado Mayor, y le rogué en estos términos: «Alejandro Mikhailovich, lleve un mapa (Vasilevsky se encuentra ahora con nosotros) y muéstrele al camarada Stalin la situación que se ha desarrollado». Haremos notar que Stalin planeaba las operaciones en un globo terráqueo. (Animación en la sala). Sí, camaradas, usaba un mapamundi esférico para trazar las líneas de los diverso, frentes. Yo le dije al camarada Vasilevsky: «Muéstrele la situación en el mapa, ya que en la presente encrucijada no podemos continuar la operación concebida. La antigua decisión debe cambiarse por razones muy justificadas». Vasilevsky me respondió diciendo que Stalin ya había estudiado el problema y que él, Vasilevsky, no volvería a tratar el asunto otra vez con Stalin porque éste no quería oír nuevos argumentos acerca de esta operación. Después de esta conversación con Vasilevsky, telefoneé a Stalin a su villa, pero Stalin no contestó al teléfono, sino Malenkov. Le dije al camarada Malenkov que llamaba desde el frente y que debía conversar personalmente con Stalin. Stalin me informó, a través de Malenkov, que yo tenía que conversar con Malenkov.

Por segunda vez insistí que deseaba informar personalmente a Stalin de la grave situación que había surgido para nosotros en el frente. Pero Stalin no consideró conveniente acercarse al teléfono y declaró que debía hablar a través de Malenkov, aunque se hallaba a unos pocos pasos del aparato. Después de que escuchara así, indirectamente, lo que solicitábamos, Stalin respondió : «Que todo quede tal cual está». ¿Y cuál fue el resultado de esta decisión? Lo peor que ya nos habíamos imaginado. Los alemanes rodearon las concentraciones de nuestros ejércitos y como consecuencia de ello perdimos cientos de miles de soldados. He ahí una muestra del genio militar de Stalin y de lo que él nos costó. (Inquietud en la sala). En una ocasión, después de la guerra, durante una reunión con Stalin y los miembros del Politburó, Anastasio Mikoyan mencionó que Krutchev parecía haber tenido la razón cuando telefoneó acerca de la operación de Jharkov y que era desafortunado el hecho de que sus sugestiones no se hubiesen aceptado. ¡No pueden imaginarse la furia de Stalin! ¡Cómo era posible que no se reconociera que él, Stalin, había tenido razón! Él era, al fin y al cabo, un genio y un genio no puede equivocarse.

Todos pueden errar pero Stalin consideraba que él nunca erraba, que él siempre tenía la razón. Nunca reconoció ante nadie que él se hubiese equivocado jamás ni en la menor cosa, a pesar del hecho de que no fueron pocos sus errores en cuanto a las actividades teóricas y prácticas. Después del Congreso del Partido es posible que tengamos que revalorar muchas de las operaciones militares de la guerra para, presentarlas en su perspectiva debida. Las tácticas que insistió en imponer Stalin sin conocer la esencia de la conducta de las operaciones militares nos costaron mucha sangre. Los militares saben que aún a fines de 1941 Stalin seguía insistiendo en grandes ataques frontales y en la captura de aldea tras aldea en vez de aprobar operaciones envolventes que permitiesen penetrar en el campo enemigo por la retaguardia. Por esta razón sufrimos muchas bajas hasta que nuestros generales, sobre cuyas espaldas descansaba el peso de la conducción de la guerra, lograron cambiar la situación y pasar a un tipo de operaciones más flexibles, que inmediatamente produjo en los frentes serios cambios muy favorables a nosotros.

Más vergonzoso aún es el hecho de que después de nuestra gran victoria sobre el enemigo, que tanto nos costó, Stalin comenzase a degradar a muchos de los comandantes que más contribuyeron a lograr esa victoria y sólo porque Stalin no deseaba que se honrara a nadie, salvo a él, por los éxitos logrados en el frente.

Stalin tenía gran interés por conocer la apreciación que merecía el camarada Jukov (ahora ministro de Defensa) como jefe militar y me pidió con frecuencia mi opinión sobre Jukov, yo le dije: «He conocido a Jukov mucho tiempo; es un buen general y un buen jefe militar. Después de la guerra, Stalin comenzó a contar una serie de cuentos absurdos acerca de Jukov, entre ellos el siguiente: «Uds. alaban a Jukov, pero no lo merece. Se dice que antes de cada operación en el frente, Jukov hacía lo siguiente: Cogía un puñado de tierra y lo olía y luego decía: "Podemos comenzar el ataque", o lo contrario, "la operación planeada no puede realizarse"». Yo le dije en una ocasión: «Camarada Stalin: no sé quién habrá inventado eso, pero no es cierto».

Es posible que el camarada Stalin inventase estos cuentos con el objeto de quitar importancia al papel militar y al talento del mariscal Jukov. En este sentido, Stalin utilizó mucha energía para popularizarse él mismo como un gran líder; recurrió a todos los medios posibles para convencer al pueblo de que todas las victorias ganadas por la nación soviética durante la guerra patriótica eran consecuencia de su coraje, su intrepidez y su genio. Del mismo modo que

Kuzma Kryuehkov (un cosaco famoso que realizó notables actos de heroísmo contra los alemanes), él vestía a siete con un solo traje al mismo tiempo. (Animación en la sala). Con este mismo espíritu consideramos por un instante nuestras películas históricas y militares y algunas de nuestras creaciones literarias. Ellas nos causan náuseas. Su verdadero objetivo es alabar el genio militar de Stalin. Recordemos la película «La caída de Berlín». En ella, Stalin actúa, da órdenes en un salón, en el cual hay muchas sillas vacías y sólo se le acerca un hombre, y éste para informarle de algo -se trata de Poskrebyshev, su leal escudero- (Risa en la sala).

¿Y qué hay del mando militar? ¿Del Politburó? ¿Del gobierno? ¿Qué hacen ellos y do qué se ocupan? En la película, sencillamente, no aparecen. Stalin obra por todos, no cuenta con nadie, no se hace asesorar. Al menos, todo se le muestra al país bajo esta luz falsa. ¿Por qué? Con el objeto de rodear a Stalin de una gloria que contradicen los hechos y que no corresponde a la verdad histórica. En vano nos preguntamos: ¿Dónde están los militares que soportaron el peso de la guerra? La película no los muestra; estando Stalin ahí, no hay cabida para nadie. Pero no fue Stalin, sino el Partido como entidad, el gobierno soviético, nuestro heroico ejército, sus inteligentes jefes y sus valientes soldados, toda la nación soviética, los que aseguraron la victoria en la guerra patriótica. (Tempestuosos y prolongados aplausos).

El papel principal y el mérito principal por la duradera victoria conseguida en la guerra pertenecen a nuestro Partido Comunista, a nuestras fuerzas armadas, y a las decenas de millones de personas que forman el pueblo soviético y que el Partido alentó. (Aplausos atronadores y prolongados).

DEPORTACIÓN DE NACIONES ENTERAS

Camaradas, examinemos otros hechos. La Unión Soviética se considera con justicia el modelo de un Estado multinacional, porque hemos asegurado en la práctica la igualdad y la amistad de todas las naciones que conviven en nuestra tierra. Tanto más monstruosos, por eso, son los actos cuyo iniciador fue Stalin y que constituyen una vil violación de los principios básicos de la política nacional del Estado soviético, tal cual la enunció Lenin. Aludimos a las deportaciones en masa, que alejaron de su tierra natal a naciones enteras junto con todos los comunistas sin excepción alguna. Estas deportaciones no podían justificarse por consideraciones de orden militar.

Así, ya a fines de 1943, cuando se quebró el frente de la Unión Soviética, se tomó y puso en ejecución una decisión referente a la deportación de todos los Karachai de las tierras en que vivían. En el mismo período, a fines de diciembre de 1943, corrió la misma suerte toda la población de la República autónoma Kalmyk. En marzo de 1944, se deportaron todos los Chechen y los Inkush y se liquidó la República Autónoma Chechen-Inkush.

En abril de 1944, fueron deportados todos los balkars a regiones lejanas del territorio de la República Autónoma Kabardyno-Balkar y a la república misma se le cambió el nombre por República Autónoma Kabardinia. Los ucranianos se salvaron de correr esta suerte solamente porque eran muchos y no había ningún lugar a donde deportarlos. De lo contrario, también se les habría deportado. (Risas y animación en la sala).

Ningún marxista-leninista ni ninguna persona de sentido común puede comprender cómo se puede responsabilizar, por actividades hostiles, a naciones enteras, incluyendo a mujeres, niños y gente de edad, comunistas y komsomols y cómo se puede deportar a tanta gente y exponerla a la miseria y sufrimiento por actos hostiles de individuos o grupos de personas.

Después del fin de la guerra patriótica, la nación soviética daba realce con orgullo a las magníficas victorias ganadas con grandes sacrificios y tremendos esfuerzos. El país pasó por un período de entusiasmo político. El Partido salió de la guerra unido como nunca. En la hoguera de la guerra se templaron los núcleos del Partido. En estas condiciones, nadie podía haber siquiera pensado en la posibilidad de una conspiración dentro del Partido.

Y fue precisamente en ese tiempo que surgió el llamado «affaire de Leningrado» que, como lo hemos probado ahora, fue fabricado. Entre los que inocentemente perdieron la vida por este «affaire», se cuentan los camaradas Voznesensky, Kuznetsov, Rodionov; Popkov y otros. Voznesensky fue, como miembro del Politburó, el principal planificador. Desapareció en 1949 y se sabe, ahora que fue fusilado. Como se sabe, Voznesensky y Kuznetsov fueron líderes inteligentes y eminentes. Colaboraron con

Stalin muy de cerca en un tiempo. Basta mencionar que Stalin hizo a Vosnesensky primer adjunto del presidente del Consejo de Ministros y Kuznetsov fue elegido secretario del Comité Central. El hecho mismo de que Stalin encargara a Kuznetsov la supervigilancia de los organismos de seguridad del Estado muestra la confianza de que gozaba.

¿Cómo sucedió que estas personas fueran señaladas como enemigas del pueblo y liquidadas? Los hechos han comprobado que el «Affaire de Leningrado» también fue el resultado de una actitud tendenciosa y obstinada contra los núcleos del Partido.

Si la situación hubiese sido normal en el Comité Central del Partido y en el Politburó del C.C., asuntos de esta naturaleza se habrían examinado ahí de acuerdo con la práctica del Partido, y se habrían valorado todos los hechos pertinentes, de modo que ni este "affaire" ni ningún otro semejante habría ocurrido.

LOS CRÍMENES DE LA POSGUERRA

Debemos declarar que, después de la guerra, la situación se complicó más. Stalin se volvió más caprichoso aún, más irritable y brutal; aumentó considerablemente su desconfianza. Su manía de persecución alcanzó dimensiones increíbles. Muchos trabajadores se transformaban en enemigos suyos ante sus propios ojos. Después de la guerra. Stalin se separó aún más de la colectividad. Todo lo decidía él solo, sin ninguna consideración por nadie ni por nada. Esta increíble desconfianza fue hábilmente aprovechada por el provocador, abyecto y vil enemigo Beria, que había asesinado a miles de comunistas y soviéticos leales. El ascenso de Voznesensky y Kuznetsov alarmó a Beria. Ahora hemos comprobado que fue precisamente Beria quien sugirió a Stalin la fabricación, por él y sus confidentes, de material en forma de declaraciones y cartas anónimas, y en forma de diversos rumores y conversaciones.

El C.C. ha examinado este llamado «Affaire de Leningrado», personas que sufrieron inocentemente han sido rehabilitadas y las gloriosas organizaciones del Partido de Leningrado han reconquistado su honor. Abakumov y otros, que habían fabricado este «affaire» fueron puestos a disposición de los tribunales y se les procesó en Leningrado condenándoseles porque lo merecían.

Surge esta pregunta: ¿Por qué causa vemos sólo ahora la verdad de este asunto, y por qué no hicimos algo antes, durante la vida de Stalin, por evitar la pérdida de vidas inocentes? Fue porque Stalin personalmente supervigiló el «Affaire de Leningrado» y la mayoría de los miembros del Politburó no conocían, en ese tiempo, las circunstancias de este asunto y, por lo tanto, no podían intervenir.

Cuando Stalin recibió cierto material de Beria y Abakumov, sin examinar este difamatorio material, ordenó una investigación del «affaire» de Voznesensky y Kuznetsov. Con esto se selló su destino.

Igualmente instructivo es el caso de la organización nacionalista Mingrelian, que existía, supuestamente, en Georgia. Como se sabe, el C.C. del Partido Comunista de la Unión Soviética tomó acuerdos referentes a este asunto en noviembre de 1951 y en marzo de 1952. Estos acuerdos se tomaron sin previa discusión con el Politburó. Stalin personalmente los había redactado. Ellos contenían serias acusaciones contra muchos comunistas leales. Sobre la base de documentos falsificados, se probó que existía en Georgia una supuesta organización nacionalista cuyo objeto era la liquidación del poder soviético en esa república con la ayuda de poderes imperialistas.

En relación a esto fueron arrestados en Georgia muchos miembros responsables del Partido y del Soviet. Posteriormente se probó que ésta fue una calumnia dirigida contra la organización del Partido de Georgia.

Sabemos que se han producido algunas veces manifestaciones locales de tipo nacionalista burgués en Georgia, como en diversas otras repúblicas. Hemos de preguntarnos: ¿Sería posible que durante el período en el cual se tomaron las resoluciones a que se ha hecho referencia más arriba, las tendencias nacionalistas crecieran tanto que existiera el peligro de que Georgia abandonara la Unión Soviética y se uniera a Turquía? (Animación en la sala. Risa). Esto es, naturalmente, un disparate. Es imposible imaginarse cómo estas suposiciones pudieron caber en la mente de nadie. Todos saben cómo Georgia se ha desarrollado económica y culturalmente bajo el gobierno de los Soviets.

La producción industrial de la República de Georgia es 27 veces mayor de lo que era antes de la revolución. Muchas nuevas industrias han surgido en Georgia que no existían antes de la revolución: una fundición de hierro, una industria petrolera, una industria constructora de maquinarias, etc. Hace tiempo que ha desaparecido el analfabetismo que, en la Georgia prerrevolucionaria, abarcaba al 78 % de la población.

¿Podrían los georgianos, al comparar la situación de su república con la dura situación por la cual atraviesan las masas trabajadoras de Turquía, aspirar a unirse a Turquía? En 1955, Georgia produjo 18 veces más acero por persona que Turquía. Georgia produce nueve veces más energía eléctrica por persona que Turquía. De acuerdo con el censo disponible de 1950, el 65 % de la población total de Turquía es analfabeto, y de las mujeres, el 80 % son analfabetas. Georgia tiene 19 instituciones de altos estudios con aproximadamente 39.000 habitantes. La prosperidad de la clase trabajadora ha aumentado considerablemente en Georgia bajo el gobierno soviético.

Es claro que a medida que se desarrollaron la economía: y la cultura y a medida que crece la conciencia socialista de

las masas trabajadoras en Georgia se desvanece la fuente de
la cual extrae sus fuerzas el nacionalismo burgués.

Resultó finalmente que no había organización nacionalista alguna en Georgia. Sin embargo, hubo miles de víctimas inocentes a causa de medidas caprichosas y desordena-
das. Todo esto sucedió bajo el gobierno «genial» de Stalin,
«el gran hijo de la nación georgiana», como llaman a Stalin
los georgianos. (Animación en la sala).

Lo caprichoso y obstinado que era Stalin se notaba no sólo
en sus decisiones referentes a la vida interna del país, sino también en las relaciones internacionales de la Unión Soviética.
El Pleno de julio de C.C. estudió en detalle las razones del
desarrollo del conflicto con Yugoslavia. Fué vergonzoso el
papel que Stalin desempeñó en esto. El asunto yugoslavo
no surgía de problema alguno que no se pudiese resolver
por medio de discusiones entre camaradas. No existía base
alguna de importancia que justificara este conflicto. La
ruptura de relaciones con este país pudo evitarse. Esto no
quiere decir, sin embargo, que los líderes yugoslavos no
hubiesen errado o fuesen perfectos. Pero estos errores y defectos los exageró en forma monstruosa Stalin, por lo cual
se produjo la ruptura de relaciones con un país amigo.

Recuerdo los primeros días del conflicto entre la Unión
Soviética y Yugoslavia y como se infló artificialmente. Una
vez, cuando vine de Kiev a Moscú, fui invitado a visitar a
Stalin, quien, mostrándome la copia de una carta enviada
hacía poco a Tito, me preguntó: «¿Ha leído Ud. esto?»

Sin esperar mi respuesta, me contestó: «Moveré el dedo
meñique y Tito dejará de existir. Caerá». Hemos pagado muy
caro ese movimiento de su dedo meñique. Esa afirmación de
Stalin era un reflejo de su manía de grandeza, y lo cierto es
que siempre actuaba así. «Moveré mi dedo meñique y des-

aparecerá Kossier», «moveré otra vez mi dedo meñique y desaparecerán Postyshev y Chubar», «moveré otra vez mi dedo meñique y ahora desaparecerán Voznesensky y Kuznetsov». Pero esto no sucedió con Tito. Por más que moviera su dedo meñique o aun todos los dedos de la mano, Tito no caía. ¿Por qué? La razón es que en este desacuerdo con los camaradas yugoslavos, Tito contaba con el respaldo de un pueblo y de un Estado que se habían templado en una lucha por la libertad y por su independencia y que apoyaban totalmente a sus jefes. Uds. ven a qué extremos llegó Stalin debido a su manía de grandeza. Había perdido todo sentido de la realidad, de tal modo que demostraba su altivez y su suspicacia no sólo en su trato con el pueblo de la URSS, sino también en su trato, con partidos y con naciones. Hemos reexaminado cuidadosamente el caso de Yugoslavia y hemos encontrado una solución adecuada, que es aceptable para los pueblos de la Unión Soviética y de Yugoslavia, como también para todas las democracias populares y los elementos progresivos de toda la humanidad. La solución de nuestras relaciones anormales con Yugoslavia convenía a los intereses de todo el mundo socialista, puesto que fortalece la paz en el mundo.

Recordemos también el asunto del complot de los médicos. (Animación en la sala.) Lo cierto es que no existió tal complot y que la única prueba de él la constituyó una declaración hecha por la doctora Timashuk, que seguramente había recibido órdenes de alguien o sugestiones (al fin o al cabo era una colaboradora no oficial de los organismos de seguridad del Estado) para que escribiera una carta a Stalin, estableciendo que los doctores le sometían a tratamientos médicos impropios. A Stalin, una carta así le bastaba para llegar a la conclusión de que los médicos de la Unión Soviética complotaban. Emitió órdenes de detención en contra de eminentes especialistas soviéticos. Dirigió personalmente las investigaciones y estableció el método a usar en los interrogatorios. Dijo que había que encadenar al académico Vinogradov y que otros debían ser flagelados. Se halla presente en este Congreso, como delegado, el camarada Ignatiev, antes ministro de Seguridad del Estado. Stalin le dijo a él bruscamente: «Si no obtienes confesiones de los médicos, rebajaremos tu altura en una cabeza». (Tumulto en la sala).

Stalin llamó personalmente al juez a cargo de la investigación para darle instrucciones acerca de los métodos que debía emplear; la fórmula era simple: ¡Torturar, torturar! Poco después de la detención de los médicos, nosotros -los miembros del Politburó- recibimos los protocolos que contenían sus confesiones. Después de distribuir estos protocolos, Stalin nos dijo: «Uds. son gatitos; ¿qué les sucederá sin mí? El país perecerá porque ustedes no saben reconocer a sus enemigos».

El caso se presentaba de tal manera que era imposible verificar los hechos en los cuales se basaba la investigación. No era posible tratar de confirmar las acusaciones estableciendo contacto con los acusados que habían confesado su culpa. Nos parecía, sin embargo, que este caso era dudoso. Conocíamos a algunas de estas personas, porque las habíamos consultado. Después de la muerte de Stalin, estudiamos los cargos y descubrimos que se habían inventado de principio a fin. Este caso ignominioso fue gestado por Stalin; no tuvo, sin embargo, tiempo para concluirlo tal cual lo había concebido y ésta es la razón por la cual estos médicos todavía viven. Ahora se les ha rehabilitado a todos y trabajan donde siempre habían trabajado.

Stalin y Beria

En la organización de todos estos «casos vergonzosos» desempeñó un papel bajísimo un rabioso enemigo de nuestro Partido y agente del Servicio de Inteligencia de una nación extranjera -Beria- quien había ganado la confianza de Stalin. ¿De qué manera pudo este agitador lograr una posición tan destacada en el Partido y en el Estado hasta llegar a ocupar el cargo de vicepresidente del Consejo de Ministros de la Unión Soviética y miembro del Politburó del C.C.? Se ha establecido que este villano trepó a los más altos cargos del Gobierno por una escalera formada por innumerables cadáveres.

¿Existían indicios de que Beria fuese un enemigo del Partido? Sí, los había. Ya en el Pleno del Comité Central, celebrado en 1937, el entonces Comisario del Pueblo de Sanidad, Kaminsky, dijo que Beria trabajaba para el Servicio de Inteligencia Mussavat. Pero apenas terminó el Pleno del C.C., se detuvo a Kaminsky y se le fusiló. ¿Había examinado Stalin las aseveraciones de Kaminsky? No, porque Stalin creía en Beria y eso le bastaba. Y cuando Stalin creía en una persona o en alguna cosa, entonces nadie podía decir nada que contradijese su opinión. Quien se atreviera a oponérsele, era liquidado en la misma forma en que lo fue Kaminsky. También existían otros indicios. Las declaraciones hechas al C.C. del Partido por el camarada Snegov y que son interesantes. (Snegov, funcionario de la organización del Partido en la región caucásica, ha sido rehabilitado recientemente, después de haber estado preso durante diecisiete años. Kartvelishvili, que se menciona abajo, fue liquidado en 1931). La declaración de Snegov dice:

«En relación con la propuesta rehabilitación del antiguo miembro del C.C., Kartvelishvili Lavryentiv, he puesto en manos del representante del Comité de Seguridad del Estado un estudio detallado que se refiere a la intervención de Beria en la deposición de Kartvelishvili y que elucida los criminales motivos que llevaron a Beria a actuar como lo hizo».

En mi opinión, es indispensable recordar un hecho importante referente a este caso y hacerlo llegar al C.C., ya que no consideré propio incluirlo en el documento de la investigación, y es el siguiente:
El 30 de octubre de 1931, en una sesión del Buró de Organización del C.C., Kartvelishvili, siendo secretario del Comité Transcaucásico, presentó un informe. Estaban presentes todos los miembros del Comité. Hoy soy yo el único que vive de todos ellos. Durante esta sesión, Stalin propuso, en un discurso referente a la organización del Secretariado Transcaucásico, lo siguiente: Primer Secretario, Kartvelishvili; Segundo Secretario, Beria. (Esta es la primera vez en la historia del Partido que el nombre de Beria aparece mencionado como candidato a un puesto de

funcionario). Kartvelishvili contestó diciendo que conocía a Beria muy bien y que por esta razón se negaba categóricamente a trabajar junto a él. Stalin propuso entonces que este asunto quedara en suspenso y que se resolviera en el proceso del trabajo. Dos días después se acordó que Beria recibiría el nombramiento y que se deportaría de Transcaucasia a Kartvelishvili. Este hecho lo pueden confirmar los camaradas Mikoyan y Kaganovich que se hallan presentes en la sesión.

La larga enemistad entre Kartvelishvili y Beria se conocía; data del tiempo en que el camarada Sergo participaba activamente en los asuntos transcaucásicos. (Kartvelishvili era el más íntimo colaborador de Sergo). Esa enemistad impulsó a Beria a fabricar una acusación contra Kartvelishvili. Es digno de notarse que el caso de Kartvelishvili contiene una acusación de terrorismo realizada por él contra Bería. La posterior acusación contra Beria discute muchos de sus crímenes. Debemos recordar algunos, especialmente debido a que es posible que no todos los delegados a este Congreso hayan leído el documento. Deseo recordar la forma bestial en que Beria manejó los casos de Kedrov, Golubiev y la madre adoptiva de Golubiev, Baturina, personas que querían informar al C.C. respecto a las viles actividades de Beria. Se les fusiló sin previo juicio y se les condenó después de muertos.

He aquí lo que el camarada Kedrov escribió al C.C. a través del camarada Andreyev (Andreyev era entonces secretario del C.C.; Kedrov, amigo personal de Lenin, fue liquidado en la gran purga)

«Apelo a su ayuda desde una oscura celda en la prisión de Lefortorsky. Que mi grito de horror llegue a sus oídos; escúcheme, tómeme bajo su protección y aleje de mí la pesadilla de los interrogatorios y pruebe que todo es un error. Sufro siendo inocente, créame. El tiempo confirmará que digo la verdad; no soy un agente provocador de la policía secreta del Zar; no soy un espía; no soy miembro de una organización anti-soviética, de lo cual se me acusa en las viles denuncias. No soy culpable de crimen alguno contra el Partido ni contra el Gobierno. Soy un viejo bolchevique, limpio de toda mancha; he luchado honradamente durante cuarenta años dentro de las filas del Partido por el bien y la prosperidad de la nación...

Hoy tengo 62 años de edad y me siguen amenazando los jueces con torturas degradantes y severas. Ellos ya no son capaces de reconocer su error, de darse cuenta de que la forma en que están llevando mi caso es ilegal en todo sentido. Tratan de justificar sus acciones imaginándose que soy un rabioso enemigo del Partido. Soy inocente y no hay nada que pueda desviar a un hijo del Partido y transformarlo en un enemigo, ni aún en el momento de la muerte, Estoy en una encrucijada; no hay manera de que yo pueda desviar los rudos golpes que se me lanzan encima. No obstante, todo tiene su limite. Se me ha torturado hasta el extremo. Se ha quebrantado mi salud y desfallecen mis fuerzas y mi energía. Se acerca mi fin. ¡ Morir en una prisión soviética, acusado de ser un vil traidor a la patria; ¡algo más monstruoso no puede sucederle a un hombre honrado! ¡Y cuán monstruoso es todo esto! Una amargura y un dolor indecibles oprimen mi corazón. ¡No, no. Esto no sucederá; esto no ha de ser! Ni el Partido ni el Gobierno soviético ni el Comisario del Pueblo, L. P. Beria, pueden permitir una injusticia tan cruel e irreparable. Estoy convencido de que si se me sometiese a un interrogatorio tranquilo, sin torturas feroces, sin ira, se demostraría fácilmente que las acusaciones no tienen base. Creo sinceramente que la verdad y la justicia triunfarán. ¡Lo creo, lo creo!»

El Colegio militar reconoció inocente al viejo bolchevique, camarada Kedrov. A pesar de ésto, fue fusilado por orden de Beria. (Indignación en la sala.) Beria también trató cruelmente a la familia del camarada Ordjonikidze. ¿Por qué? Porque Ordjhonikidze había intentado impedir que Beria llevase a cabo sus planes funestos. Beria había eliminado de su camino a todas las personas que podían oponérsele. Ordjhonikidze fue siempre un adversario de Beria y se lo dijo a Stalin, quien, en vez de examinar el asunto y de tomar medidas apropiadas, permitió la liquidación de los hermanos de Ordjhonikidze por lo cual finalmente se suicidó el camarada. (Indignación en la sala).

El Comité Central desenmascaró a Beria poco después de la muerte de Stalin. Como resultado de un proceso legal muy detallado, se estableció que Beria había cometido crímenes monstruosos y por ellos fue fusilado. ¿Hemos de preguntarnos por qué Beria que había liquidado a decenas de millares de trabajadores del Partido y del Soviet, no fue desenmascarado en la vida de Stalin? No fue desenmascarado antes porque se servía con mucha habilidad de las debilidades de Stalin despertándole sospechas ayudaba a Stalin en todo y, además, siempre lo apoyaba.

Ejemplos de la vanidad de Stalin

¡Camaradas!. El culto al individuo alcanzó proporciones tan monstruosas debido principalmente a Stalin, puesto que él utilizó todos los medios concebibles para enaltecerse, Múltiples pruebas respaldan lo que acabamos de observar. Uno de los más característicos ejemplos de la forma en que Stalin se enaltecía, se encuentra en la absoluta falta de modestia que exhibe en su «Breve biografía» publicada en 1948. Este libro es la expresión de la adulación más servil y un ejemplo de cómo se endiosa a un hombre, transformándolo en un sabio infalible, en el más grande líder, en el estratega más sublime de todos los tiempos y de todas las naciones. Ya es imposible encontrar palabras que puedan acercarlo más al cielo.

No es necesario dar ejemplos aquí de la odiosa adulación que satura este libro. Basta decir que Stalin los aprobó todos y que editó él mismo el libro. Él insertó algunas alabanzas en el de su puño y letra. ¿Qué es lo que Stalin consideraba indispensable incluir en este libro? ¿Intentó en alguna ocasión disminuir los halagos que contenía su «Breve biografía»? No; señalaba los lugares en que, según su parecer, no se le halagaba lo suficiente. He aquí algunos ejemplos característicos de lo que Stalin agregaba de su puño y letra

«En la lucha contra los escépticos, los capituladores los trotskistas, los zinovietistas, bujarinistas, los kamenevistas, se aglutinaron definitivamente, después de la muerte de Lenin, los núcleos más destacados del Partido que levantaban el estandarte de Lenin. Ellos agruparon al Partido en torno a los principios de Lenin y guiaron al pueblo soviético por el camino de la industrialización y de la colectivización de la economía rural. El líder do este núcleo, su fuerza directriz, tanto en el Partido como en el Estado, fue el camarada Stalin.»

Así escribe Stalin de sí mismo y luego agrega:

«A pesar de que condujo al Partido y al pueblo con inmensa habilidad y de que gozaba del apoyo ilimitado de todo el pueblo soviético, Stalin nunca permitió que su trabajo fuese en grado alguno contaminado por el menor rastro de vanidad, engreimiento o autoadulación.»

¿Dónde y cuándo se ha había visto que un líder dirigente se halagara en tal forma? ¿Es digno todo esto de un líder marxista-leninista? No fue precisamente contra esto que Marx y Engels adoptaron una posición muy definida. También Lenin condenó esta práctica.

En el borrador del texto de su libro aparece la siguiente frase: «Stalin es el Lenin de hoy día». Pero esta frase le pareció demasiado débil a Stalin, de modo que él la cambió de su puño y letra por la siguiente: «Stalin es el valioso continuador de la labor de Lenin; o, como se dice en nuestro Partido, Stalin es el Lenin de hoy día». Es posible dar muchos ejemplos semejantes de adulaciones escritas por él mismo en las pruebas de los textos del libro. Se dota especialmente y con mucha generosidad de genio militar y de talento estratégico. Citaré un trozo que insertó Stalin respecto a su genio militar

«La ciencia militar soviética, ya muy avanzada, recibió aún mayor impulso del camarada Stalin. El camarada Stalin elaboró la, teoría de los factores operantes permanentes que deciden las guerras, la de la defensa activa, y las leyes de la contraofensiva y de la ofensiva, de la cooperación de todos los servicios y de todas las armas en la guerra moderna, el papel que desempeñan las grandes masas de tanques y las grandes fuerzas aéreas en las guerras modernas, y la artillería, por ser la más formidable arma de todos los servicios. En las diversas etapas de la guerra el genio de Stalin descubrió las soluciones exactas y ellas tomaban en cuenta todas las situaciones.» (Agitación en la sala).

Más adelante, Stalin dice:

«La maestría militar de Stalin quedó demostrada tanto en las acciones defensivas como en las ofensivas. El genio del camarada Stalin le permitió adivinar los planes del enemigo y derrotarle. Las batallas en las cuales el camarada Stalin dirigió a los ejércitos soviéticos son brillantes ejemplos de destreza militar».

De esta manera se halagó Stalin como estratega. ¿Quién lo hizo? Stalin mismo y no mientras actuaba como estratega, sino cuando operaba como autor y editor, ya que es uno de los principales creadores de su halagüeña biografía. Y un dato más tomado de esa «Breve biografía de Stalin». Como se sabe, «Breve curso de la historia del Partido Comunista bolchevique» fue escrito por una Comisión del C.C. del Partido. Hecho que se refleja en la siguiente declaración en la copia de prueba de la «Breve biografía de Stalin». «Una comisión del C.C. del Partido Comunista Bolchevique, bajo la dirección de Stalin, y con su participación activa, ha preparado un libro intitulado: "Breve curso de la historia del Partido Comunista Bolchevique"», pero aún esa declaración no satisfizo a Stalin. La siguiente frase la reemplazó en la versión final de la «Breve biografía»: «En 1938 apareció el libro "Breve curso de la historia del Partido Comunista Bolchevique"», escrito por el camarada Stalin y aprobado por una Comisión del C.C. del Partido Bolchevique». ¿Habrá que agregar algo más? (Animación en la sala.)

Como ustedes ven, una sorprendente metamorfosis cambió una obra realizada por un grupo en un libro escrito por Stalin. No es necesario explicar cómo y por qué se verificó esta metamorfosis. Se nos ocurre ahora preguntar, ¿si Stalin es autor de este libro, por qué sintió la necesidad de alabar tanto en él a Stalin y de transformar toda la historia de nuestro glorioso Partido Comunista de la época posterior a la Revolución de Octubre en una consecuencia circunstancial del genio de Stalin?

¿Refleja este libro en debida forma los esfuerzos del Partido por lograr la transformación socialista de este país, por construir el Estado Socialista, por completar la industrialización y colectivización del país, y tantos otros pasos dados por el camino señalado por Lenin Este libro habla ante todo de Stalin, contiene sus discursos y sus informes. Todo sin la menor excepción, se halla ligado a su nombre. Y cuando Stalin afirma que él mismo escribió «Breve curso de la historia del Partido Comunista Bolchevique», nos llenamos de asombro. ¿Es posible que un marxista-leninista escriba así de su persona, poniéndose por los cielos? O tomemos ahora el asunto de los premios Stalin. (Agitación en la sala). ¡Ni los zares crearon premios y les dieron su nombre! Stalin reconoció como el mejor texto para nuestro himno nacional uno que no contiene una sola palabra sobre el Partido Comunista, pero que contiene la siguiente frase: «Stalin nos crió leales al pueblo, él nos inspiró en el trabajo y en la acción». En estas líneas del himno nacional están todas las tendencias leninistas-marxistas atribuidas a Stalin en aquello que concierne a la educación.

Se trata, es claro, de una desviación de la doctrina marxista-leninista, de una disminución consciente del papel desempeñado por el Partido. Debemos agregar que el Presidium del Comité Central ha aprobado una resolución, encargando que se escriba un nuevo texto para el himno nacional, en el cual se destacará la labor del pueblo y la labor del Partido. (Fuertes y prolongados aplausos).

¿Y fue sin el conocimiento de Stalin que se dió su nombre a tantas de nuestras grandes empresas y de nuestras ciudades? ¿Fue sin su conocimiento que se erigieron tantos monumentos a Stalin en todo el país? Es un hecho que Stalin mismo firmó el 2 de julio de 1951 una resolución del Consejo de Ministros de la U.R.S.S. referente a la erección en el Canal Volga-Don de un impresionante monumento a Stalin: el 4 de septiembre del mismo año ordenó que se entregaran treinta toneladas de cobre con el objeto de que se construyese ese impresionante monumento.

Todo el que ha visitado Stalingrado, tiene que haber visto la inmensa estatua que él puso ahí en un sitio que poca gente frecuenta. Se gastaron sumas fabulosas para construirla en un área en que la gente vivía en casuchas desde la guerra. Mediten ustedes mismos si Stalin tenía razón para decir en su biografía que no se había permitido nunca soportar la sombra de un engreimiento, de orgullo o de autoadulación.

EL AUTORITARISMO DEL «JEFE GENIAL»

Al mismo tiempo Stalin demostraba a cada paso su falta de respeto por la memoria de Lenin. No es una coincidencia que, a pesar de la decisión tomada hace treinta años atrás de construir un palacio de los Soviets como monumento a Vladimir Ilich, dicho monumento no se haya construido nunca. Su erección se posponía siempre y el proyecto se archivó. No podemos dejar de recordar la resolución del Gobierno Soviético del día 14 de agosto de 1925 referente a la fundación de premios Lenin para el trabajo educacional. Esta resolución se publicó en la prensa, pero hasta el momento no hay premios Lenin. Esto también debería corregirse. (Tumultuosos y prolongados aplausos).

Durante la vida de Stalin, gracias a los métodos conocidos que yo he mencionado, y también debido, para referirme a un caso específico, a la «Breve biografía de Stalin», todos los hechos se explicaban de tal modo que parecía que Lenin había desempeñado siempre un papel secundario, aún durante la Revolución Socialista de Octubre. En muchas películas y en muchas obras literarias, la figura de

Lenin se presenta en forma incorrecta y se disminuye su importancia en forma inadmisible.

A Stalin le encantaba ver la película «El año inolvidable de 1919», en la cual se le muestra en un tren blindado y en que prácticamente aparece derrotando al enemigo con su sable. Que Kument Yefremovich Voroshilov, nuestro querido amigo, halle el coraje necesario para escribir la verdad acerca de Stalin; al fin y al cabo, él sabe cómo luchó Stalin. Ya sé que le costará el hacer tal cosa; sin embargo, sería bueno que lo hiciera. Todos aprobarán su trabajo, tanto el pueblo como el Partido. Incluso sus nietos se lo agradecerán. (Prolongados aplausos).

Cada vez que se hablaba de los episodios de la Revolución de Octubre y acerca de la Guerra Civil, se daba la impresión de que Stalin había desempeñado el papel principal, como si en cada ocasión y en todos los casos Stalin le hubiese sugerido a Lenin lo que debía hacer y cómo lo debía hacer. Esto es difamar a Lenin. (Aplausos prolongados). No creo que pecaré contra la verdad al decir que el 99% de los presentes sabía poco y había oído hablar poco de Stalin antes de 1924, mientras que a Lenin lo conocían todos lo conocía toda la nación, todo el Partido y también todos los niños y aún los ancianos.

Todo esto debe revisarse cuidadosamente para que la historia, la literatura y las bellas artes, reflejen en forma debida el papel desempeñado por Lenin en las grandes conquistas del Partido Comunista y del pueblo soviético, el pueblo creador. (Aplausos).

Camaradas: El culto a la personalidad ha sido causa de que se empleen falsos principios en el trabajo del Partido y en la actividad económica; engendró la violación inicua de la democracia interna del Partido y del Soviet. Esterilizó la administración, causó desviaciones de muchos tipos y propició el encubrimiento de limitaciones personales, tergiversando la verdad. Nuestra nación engendró a causa de él muchos aduladores y especialistas en falsos optimismos y en el engaño.

No debemos olvidar tampoco que, debido a las numerosas detenciones de líderes del Partido, del Soviet y de la economía, muchos trabajadores comenzaron a trabajar con incertidumbre, mostrándose excesivamente cautos; temerosos, respecto a su capacidad, perdían toda iniciativa y además temblaban ante su propia sombra. Tomemos por ejemplo las resoluciones del Partido y del Soviet. Se preparaban en forma rutinaria, muchas veces sin tener en cuenta la situación real. Esto llegó a tal punto que los trabajadores del Partido, aún en las sesiones de mínima importancia, leían sus discursos. Todo esto facilitaba la burocratización y el aniquilamiento del Partido.

El hecho de que Stalin se resistiera a tomar en cuenta las realidades de la vida y que desconociera el estado verdadero de los asuntos en las provincias, lo comprueba la dirección que imprimió al desarrollo agrícola. Todos los que se interesaban por la situación nacional, entendían lo difícil de la situación en el campo, pero Stalin nunca se dio cuenta de esto. ¿Informamos a Stalin sobre esto? Sí, le informamos, pero él no nos apoyó. ¿Por qué? Porque Stalin jamás iba a ninguna parte, no conocía siquiera a los trabajadores koljoz de la ciudad; ignoraba totalmente la situación en las provincias. Conocía el campo y la agricultura a través de las películas y, en esas películas, se disfrazaba y adornaba la situación existente. Muchas películas sobre la vida de los koljos muestran vistas sobrecargadas de pavos y gansos. Stalin aparentemente creía que reflejaban la verdad. Lenin veía la vida de otra manera; siempre se mantuvo cerca del pueblo, él recibía a delegaciones de campesinos y con frecuencia hablaba en las reuniones de las diversas fábricas; él visitaba las aldeas y conversaba con los campesinos. Stalin se separó del pueblo y jamás iba a parte alguna. Esto duró diez años. La última vez que visitó una aldea fue en enero de 1928, cuando fue a Siberia a supervigilar unas entregas de cereales. ¿Cómo, entonces, iba a comprender la situación de las provincias? Y cuando una vez se le dijo, durante una discusión, que la situación en el campo era difícil, y muy especialmente la de la ganadería, se organizó una comisión a la cual se le encargó la preparación de una resolución llamada «medios para desarrollar aún más la crianza de animales en koljoses y sovjoses».

Trabajamos en este proyecto. Es claro que nuestras proposiciones de ese tiempo no abarcaban todas las posibilidades, pero sí exploramos varios caminos que podrían conducir al mejoramiento de la crianza de animales en los koljozes y sovjozes.

Habíamos propuesto entonces que se elevara el precio de esos productos para aumentar el incentivo de los trabajadores del koljoz y sovjoz. Pero no se aceptó nuestro proyecto y en febrero de 1953 lo descartamos totalmente. Más aún, mientras Stalin preparaba el proyecto, propuso que los impuestos pagados por los koljoses y por los trabajadores del kojos, se elevaran en 40.000 millones de rublos. Según él, los campesinos estaban bien y los trabajadores del koljos apenas necesitaban vender una gallina más para pagar el impuesto total. Imagínense lo que esto significaba. Desde luego, los 40.000 millones de rublos representaban una suma superior a las entradas de los trabajadores del koljoz por sus ventas al Gobierno. En 1952, por ejemplo, los koljozes y los trabajadores del koljos recibieron 26.280 millones de rublos por los productos que vendían al Estado. ¿La posición adoptada por Stalin descansaba en datos de alguna clase? Claro que no. En tales casos, los números no le interesaban. Si Stalin decía una cosa, tenía que ser así... Al fin y al cabo era un genio y el genio no necesita contar, le basta con mirar e inmediatamente sabe cómo deben hacerse las cosas. Cuando él expresa su opinión, es un deber repetirla y admirar su sabiduría. ¿Pero, cuánta sabiduría encerraba su proposición de aumentar en 40.000 millones de rublos los impuestos de los agricultores? Ninguna, absolutamente ninguna, porque esa proposición no se basaba en un estudio cuidadoso de la situación, sino en las fantasías de una persona que vivía alejada de toda, realidad. En este momento hemos comenzado lentamente a liberarnos de esta difícil situación agrícola. Los discursos de los delegados al Vigésimo Congreso nos complacen a todos. Nos agrada que tantos delegados expresen que existen bases para que se cumpla el Sexto Plan Quinquenal para la ganadería, no dentro de un período de cinco años, sino de dos o tres. Estamos seguros de que las finalidades del nuevo Plan Quinquenal se lograrán con éxito. (Prolongados aplausos).

¿POR QUÉ NO SE REBELARON LOS MIEMBROS DEL POLITBURO?

Camaradas: puesto que criticamos tan agudamente hoy día el culto a la personalidad que tanta fuerza tomó durante la vida de Stalin, puesto que hablamos de muchos de los fenómenos negativos que engendra este culto que es tan ajeno al espíritu del marxismo-leninismo, se nos podría preguntar: ¿Cómo es posible? Stalin encabezó el Gobierno y el Partido durante 30 años, en los cuales se lograron muchas victorias. ¿Cómo pudo ser esto? En mi opinión, esta pregunta sólo pueden hacerla las personas cegadas, hipnotizadas irremediablemente por el culto a la personalidad, sólo por aquellos que no entienden la esencia de la revolución y del Estado soviético, sólo por aquellos que no entienden, en un sentido leninista, el papel desempeñado por el Partido y por la nación entera en el desarrollo de la sociedad soviética.

La Revolución Soviética la realizaron la clase trabajadora y los campesinos pobres con ayuda parcial de la clase media campesina. Fue ganada por el pueblo conducido por el Partido Bolchevique. El gran servicio prestado por Lenin fue el de crear un partido militante de la clase trabajadora, pero él iba armado por una compenetración marxista de las leyes del desarrollo social y él templó este Partido en la lucha revolucionaria de las masas y del pueblo. Ustedes recordarán bien las sabias palabras de Lenin respecto a que el Estado Soviético es fuerte, porque las masas tienen conciencia de que la historia es creada por los millones y las decenas de millones de personas que forman el pueblo. Nuestras históricas victorias las obtuvimos gracias a la organización dada por el Partido, a las muchas organizaciones provinciales y al abnegado trabajo del pueblo. Estas victorias fueron el resultado del gran empuje y la gran actividad de la nación y del Partido en conjunto; no son todas fruto del genio de Stalin como se intentó hacer creer durante el periodo del culto a la personalidad.

Si hemos de considerar este asunto como marxistas-leninistas, entonces tenemos que afirmar categóricamente que la dirección practicada durante los últimos años de la vida de Stalin, fue un serio error y constituyó un obstáculo en el camino del desarrollo social soviético. Stalin con frecuencia dejaba pasar meses antes de abocarse a la solución de problemas de inmensa importancia para la vida del país y del Estado y cuya solución no podía posponerse. Durante la jefatura de Stalin, nuestras relaciones pacíficas con otras naciones se vieron múltiples veces amenazadas, porque las decisiones de un hombre pueden causar y muchas veces causan, serias complicaciones. El último año, cuando logramos liberarnos de las dañinas prácticas del culto a la personalidad y tomamos varias medidas necesarias en la esfera de los asuntos internos y de la política externa, todos notaron cómo la actividad se incrementaba ante sus propios ojos, cómo se desarrollaba la actividad creadora de las grandes masas trabajadoras, y cuán favorablemente influía todo esto sobre el desarrollo de la economía y la cultura. (Aplausos).

Algunos camaradas pueden preguntarnos: ¿ Dónde estaban los miembros del Politburo del C.C.? ¿Por qué no lucharon a tiempo contra el culto al individuo? ¿Y por qué esto se está haciendo sólo ahora?

Ante todo debemos considerar el hecho de que los miembros del Politburó miraron estos asuntos de una manera diferente en diferentes épocas. Inicialmente muchos de ellos apoyaron activamente a Stalin porque Stalin era uno de los más fuertes marxistas y su lógica, su fuerza y su voluntad tenían gran influencia sobre los núcleos y parcialmente sobre el trabajo.

Se sabe que Stalin, después de la muerte de Lenin, especialmente durante los primeros años, luchó activamente por el leninismo contra los enemigos de la teoría leninista y contra aquellos que se desviaban. Respaldado por la teoría leninista, el Partido, con el C.C. a la cabeza, empezó en gran escala el trabajo de industrialización socialista del país, de colectivización agrícola y la revolución cultural. En ese tiempo. Stalin adquirió gran popularidad, simpatía y ayuda. El Partido tuvo que luchar contra los que intentaban desviar al país del correcto sendero leninista; tuvo que luchar contra los trotkistas, zinovievistas y derechistas, y los nacionalistas burgueses. Esta lucha fue indispensable. Más tarde, sin embargo, Stalin, abusando de su poder más y más, empezó a luchar contra eminentes líderes del Partido y del Gobierno y gente soviética honrada. Como ya lo hemos mostrado, Stalin trató de esa manera a líderes tan eminentes del Partido y del Gobierno como Kossior, Rudzutak, Eikhe, Postyshev y muchos otros.

Quien intentara oponerse a cargos y sospechas sin base, esgrimidas contra inocentes, terminaba por caer víctima de la represión. Esto fue justamente lo que perdió al camarada Postyshev. En uno de sus discursos, Stalin reveló su disconformidad con Postyhev y terminó preguntándole : «¿Qué es Ud. realmente?». Postyshev le contestó en voz alta : «Soy un bolchevique, camarada Stalin, un bolchevique. En un comienzo se consideró que esta aseveración constituía una falta de respeto hacia el camarada Stalin y posteriormente se le miró como un acto malvado y esto fue la causa de que se aniquilara a Postyshev, tildándosele de «enemigo del pueblo». Cuando aún persistía esta situación, conversé en varias ocasiones con Bulganin; y una vez, cuando los dos íbamos juntos en automóvil, me dijo: «Ha sucedido a veces que un hombre ha ido a visitar a Stalin, invitado por él como amigo, y se ha sentado a su mesa sin saber si luego iba a regresar a su casa o se le llevaría preso». Es obvio que en tales circunstancias la situación de los miembros del Politburó era dificilísima. Ahora si agregamos a esto el hecho de que en los últimos años no se convocaron sesiones plenarias del C.C. y que sólo ocasionalmente se reunía el Politburó, se comprenderá cuán difícil resultaba al Politburó defender a quienes se acusaba injustamente.

Ya hemos demostrado claramente que se tomaban muchas decisiones sin consultar a las organizaciones colectivas. El triste fin del camarada Voznesensky, miembro del Politburó, víctima de las represiones de Stalin, es conocido de todos. Es característico de esta etapa que la decisión de degradar al camarada Voznesensky no se discutió jamás; se llegó a ella de un modo muy oscuro. Del mismo modo se llegó a la decisión de degradar a los camaradas Kuznetsov y Rodionov. Se redujo así la importancia del trabajo del Politburó del C.C. y luego se desorganizó su trabajo, creando dentro del Politburó varias comisiones que se llegaron a conocer como «Quintetos», «Sextetos», «Septetos», etc. He aquí, a modo de ejemplo, una resolución del Politburó tomada el 3 de octubre de 1946.

«Proposición de Stalin : 1. - La Comisión del Politburó para las Relaciones Exteriores (sexteto), se ha de preocupar, en el futuro, no tan sólo de la construcción interna y de la política doméstica. 2.- El Sexteto incorporará al Presidente de la Comisión Estatal para la Planificación Económica de la U.R.S.S., camarada Voznesensky, y se le conocerá en adelante como Septeto. (Firmado) J. Stalin, Secretario del C.C.»

¡Díganle si no es la terminología de un jugador de naipes! (Risa en la sala).

STALIN QUERÍA LIQUIDAR A
MOLOTOV Y MIKOYAN

Es obvio que la creación dentro del Politburó, de este tipo de comisiones -«Quintetos», «Sextetos», etc.- contradecía el principio de gobierno colectivo. Esto trajo como resultado que muchos miembros del Politburó se vieron impedidos de participar en la preparación de decisiones de alta importancia para el Estado.

Uno de los más antiguos miembros del Partido, Voroshilov, se halló en una situación casi imposible. Se le privó por muchos años del derecho a participar en las sesiones del Politburó. Stalin le prohibió asistir a las sesiones del Politburó o recibir documentos.

Debido a su naturaleza extremadamente suspicaz, Stalin abrigó la absurda creencia de que Voroshilov era un agente inglés. (Risa en la sala). Es cierto, ¡un agente inglés! Se instaló en su casa un aparato especial que registraba todo lo que allí se conversaba. (Indignación en la sala). Por su decisión unilateral, Stalin también separó del Politburó a otro hombre, a Andreyev. Este fue uno de sus actos más absurdos y caprichosos.

Consideremos ahora el primer Pleno del C.C. posterior al Décimonono Congreso del Partido, cuando Stalin en su discurso analizó las personalidades de Molotov y Mikoyan, sugiriendo que estos viejos militantes de nuestro Partido eran culpables de algunos cargos in fundamento. Es posible que, si Stalin hubiese permanecido en el mando por algunos meses más, tanto el camarada Molotov como el camarada Mikoyan no habrían estado entre nosotros para dirigirse a este Congreso. Parece que Stalin tenía la intención de terminar con todos los miembros antiguos del Buró Político para reemplazarlos por gente nueva. La proposición que hizo al XIX Congreso, referente a la selección de 25 personas con el objeto de que ingresaran al Presidium del C.C., tenía como fin alejar a los viejos miembros del Politburó para introducir a gente de menos experiencia, que por ello lo halagaría en forma desmedida. Podemos suponer también que así preparaba el camino para la aniquilación futura de todos los viejos miembros del Politburó, por ser ésta una manera de cubrir todo rastro de sus actos más vergonzosos, justamente los que estamos analizando ahora.

Camaradas: Con el objeto de evitar que se repitan estos errores del pasado, el Comité Central se ha declarado absolutamente contrario al culto a la personalidad. Consideramos también que se halagó en forma excesiva a Stalin. No obstante, Stalin sin duda realizó en el pasado obras de importancia en beneficio de las clases trabajadoras, del Partido y del Movimiento Obrero Internacional.

Este asunto se complica debido al hecho de que lo que acabamos de discutir aconteció durante la vida de Stalin, bajo su mandato y con su aprobación; parece que Stalin estaba convencido de que procedía en defensa de los intereses de la clase trabajadora y contra los enemigos que complotaban y también contra los ataques del campo imperialista. Miraba las cosas desde el punto de vista de los intereses de la clase trabajadora, de los intereses de la gente laboriosa, de los intereses de la victoria del socialismo y del comunismo. No podemos asegurar que éstas fueron las obras de un déspota atolondrado. Él juzgaba que lo que se hacía, debía hacerse en bien del Partido, de las masas trabajadoras y en nombre de la defensa de los objetivos revolucionarios. ¡He ahí toda la tragedia!

CONCLUSIONES Y PERSPECTIVAS

Camaradas: Lenin hizo hincapié frecuentemente en que la modestia es una necesidad indispensable a todo buen y verdadero bolchevique. Lenin fue siempre la personificación de la modestia. No declaremos que hemos seguido constantemente y en todo sentido el ejemplo de Lenin. Basta señalar que muchas ciudades, fábricas, empresas industriales, koljoces, sovjoses, como también instituciones culturales soviéticas, llevan el nombre de servidores del Gobierno o líderes del Partido que, cuando así se les bautizó, gozaban aún de muy buena salud. Muchos de nosotros somos responsables de haber dado nuestros nombres a varias ciudades, estaciones de radios, empresas y koljoses. Debemos corregir esto. (Aplausos). Pero esto debe hacerse con calma y lentamente. El C.C. discutirá este asunto y lo estudiará con cuidado para evitar errores y excesos. Recuerdo cómo Ucrania llegó a saber que se había detenido a Kossior; la radio de Kiev comenzaba sus programas de esta manera: «Esta es la radio de Kossior». Cuando un día comenzaron los programas sin que se mencionara a Kossior, nadie dudó de que algo le había sucedido a Kossior y que lo probable era que se le había detenido. Así, si hoy día comenzamos a cambiar los nombres en todas partes, el pueblo va a pensar que los camaradas en cuyo honor se asignaron esos nombres, han caído en desgracia y han sido detenidos. (Animación en la sala). ¿Cómo se ha de juzgar la autoridad e importancia de un líder? ¿Sobre la base de cuántas ciudades, industrias, fábricas, koljoses y sovjoses, llevan su nombre?

¿No es ya tiempo de que eliminemos este vestigio de «propiedad privada» y que «nacionalicemos» las industrias, las fábricas, los koljoses y los sovjoses? (Risas y aplausos. Una voz grita : «Está bien»).

Es nuestro deber examinar muy seriamente el problema del culto a la personalidad. No podemos permitir que este asunto salga del Partido y llegue a la prensa. Por esta razón lo estamos discutiendo aquí en una sesión secreta. No es conveniente proveer al enemigo de municiones; no debemos lavar nuestra ropa sucia ante los ojos del mundo. Creo que los delegados a este Congreso comprenderán bien el significado de lo dicho y valorarán debidamente estas sugestiones. (Aplausos tumultuosos).

Camaradas: Debemos abolir el culto a la personalidad en forma absoluta y definitiva; debemos llegar a conclusiones correctas tanto en el campo ideológico y teórico, como en el campo del trabajo práctico. Es necesario adelantar la siguiente moción: Condenar y eliminar de una manera bolchevique el culto a la personalidad por ser contrario al marxismo-leninismo y ajeno a los principios del Partido y a sus normas y combatir inexorablemente todo intento de reintroducir su práctica en cualquiera forma. Debemos volver a respetar la tesis más importante del marxismo-leninismo científico, que establece que la historia la crean los pueblos, como así también todos los bienes espirituales y materiales de la humanidad. Debemos volver a interpretar la responsabilidad del partido marxista en la lucha revolucionaria por la transformación de la sociedad, viéndolo como responsable de lograr la victoria final del comunismo.

En relación con esto, nos veremos obligados a examinar críticamente, desde un punto de vista marxista-leninista, muchos de los errores derivados del culto a la personalidad que se hallan presentes en nuestros estudios históricos y filosóficos, en nuestra posición económica y en otras ciencias como también en la literatura y en las bellas artes. Es indispensable que en un futuro cercano preparemos un texto serio de la historia de nuestro Partido y que esté de acuerdo con el objetivismo científico del marxismo. También un texto de la historia de la sociedad soviética y un libro sobre los acontecimientos de la Guerra Civil y de la Gran Guerra Patriótica.

En segundo lugar, para continuar sistemáticamente el trabajo realizado por el C.C. del Partido durante años, una obra que se caracterice por un minucioso estudio de todas las organizaciones del Partido desde abajo hasta arriba, de los principios leninistas acerca de la dirección del Partido y, ante todo, sobre el principio del Gobierno Colegial, el cual debe regirse por las normas del Partido establecidas en sus estatutos y que atribuyen gran importancia a la crítica y a la autocrítica.

En tercer lugar habrá que restablecer completamente los principios de la democracia soviética, tal cual se enuncian en la constitución de la Unión Soviética y que son contrarios al abuso caprichoso, por parte de un individuo, del poder.

Camaradas: El XX Congreso del Partido Comunista de la Unión Soviética, pone de manifiesto con nuevo vigor la inquebrantable unidad de nuestro Partido y su cohesión en torno al C.C., como también su decisión de lograr la culminación de su gran tarea que es construir el comunismo. (Aplausos tumultuosos). Y el hecho de que nosotros hayamos presentado en todas sus facetas los problemas que se plantean para destruir el culto a la personalidad, que es ajeno al marxismo-leninismo, como también la pesada tarea de liquidar sus consecuencias, es una prueba más de la gran fuerza moral y política de nuestro Partido. (Prolongados aplausos).

Tenemos la seguridad más absoluta de que nuestro Partido, fortalecido por las históricas resoluciones del XX Congreso, conducirá al pueblo soviético por la senda leninista hacia nuevos éxitos y nuevas victorias. (Aplausos prolongados y tumultuosos).